藏传佛教顶级密宗高僧

热译师传

益 喜 桑 格 著
曲甘·完玛多杰 译

青海人民出版社

图书在版编目（CIP）数据

藏传佛教顶级密宗高僧—— 热译师传 / 益喜桑格著；
曲甘·完玛多杰译. —西宁：青海人民出版社，2015.3 （2020.4 重印）
ISBN 978-7-225-04934-2

Ⅰ. ①藏… Ⅱ. ①益… ②曲… Ⅲ. ① 热·多杰札巴（1016~1196）—传记 Ⅳ.①B949.92

中国版本图书馆 CIP 数据核字（2015）第 052410 号

藏传佛教顶级密宗高僧——热译师传

益喜桑格 著

曲甘·完玛多杰 译

出 版 人	樊原成
出版发行	青海人民出版社有限责任公司 西宁市五四西路 71 号 邮政编码：810023 电话：(0971)6143426(总编室)
发行热线	(0971)6143516/6137730
网　　址	http://www.qhrmcbs.com
印　　刷	青海日报社印刷厂
经　　销	新华书店
开　　本	720mm×1010mm 1/16
印　　张	18.5
字　　数	210 千
版　　次	2015 年 3 月第 1 版 2020 年 4 月 2 次印刷
书　　号	ISBN 978-7-225-04934-2
定　　价	38.00 元

目录 CONTENTS

第一章 敬颂及出生地

愿得吉祥！

诚心敬颂优越恩师，
您把佛界集于一身，
成为所有坛城主宰，
成就根本安乐之源。

具有四身无比上师，
您与金刚菩萨无二，
成就源泉如意宝贝，
顶礼一切如意至宝！

直接间接从师恩典，
众生得到金刚执位，

一切业分息增怀伏，
加持顺利成就各业。

威力之主宰，伟大先哲热·多杰札巴——热译师传记，名叫“悦耳鼓音闻名遐迩”。

顶礼妙音菩萨！
恰似雷公无可匹敌，
异己山岩夷为平地，
普降慈悲甘露润泽，
成熟信众希望果实。

吉祥上师好像云王，
连同千雷响彻四方，
鸿学文殊妙金刚师，
顶礼足部百遍不厌。

博学之才大如虚空，
以虔量天虽不可能，
但从侧面反映梗概，
所述言语具有意义。

往昔岁月译师辈出，
只有四人卓然超凡，

精通显密大热译师，
您的传记由我来写。

那时骄人自惭形秽，
信奉大众欢欣鼓舞，
心眼小者疼痛骤起，
禀性善者双手合十。

煞有介事摇唇鼓舌，
成为智者可笑把柄，
摈弃杂靡如实当说，
名曰悦耳鼓音称世。

我们的神圣吉祥上师、修讲并举之主，是“至尊大热译师”，闻名旗帜飘扬十方，为了立传，去其浮华，具实而述。《文殊本续》云：

“如果到了五百劫末，
本人投生北方某地，
持戒第一名冠‘热’字，
将被尊为金刚大师。”

在一本名叫《桑耶柱砌大札》（བསམ་ཡས་ཀ་བརྗིགས་ཆེན་མོ）中有一段赤松德赞王的遗言：“今后，我的大昭寺将被火焚。那时，出现一名圣文殊菩萨的化身，他出家为僧，善巧知识，将进行修复。”项超·多吉俄巴（ཞང་ཚམ་རྡོ་རྗེ་འོད་འབར）从永朴（གཡུང་ཕུ）地方发掘的一本名叫《黑阎罗授记》（གཤིན་

ཧེ་ཆེ་བདག་ནག་པོའི་ལུང་བསྟན）中说：

“现在智慧佛陀是您，
今后以项或多杰名。
一旦遇到甚深宝典，
在一名叫‘热’的地方，
出现祖拉华格化身，
谒见他会予以加持。”

如是从许多经典中早已授记为妙音菩萨的化身。大上师热译师的出生地是：“皑皑雪山瑞气萦绕，各种药材遍布繁茂，拉堆南麓人杰地灵；在尼南朗（ཉི་ནམ་སྒྲིང）的上游是草原牧场，下游是肥沃的土地；崇山峻岭，林木葱绿，山涧瀑布直泻，粮丰物阜，圣地洁净，具备十善。”父亲是密宗七代传人，精通旧密，使之经久不衰，名叫热敦·关确多吉（རྭ་སྟོན་དཀོན་མཆོག་རྡོ་རྗེ）；母名多吉华宗（རྡོ་རྗེ་དཔལ་འཛོམ），具有螺阴女（淑女）相。父母二人共有五子，热译师排行老三。

第二章 出 生

母亲怀孕期间，做了一梦：一红颜女子胸前挂着骨饰，来到她跟前，说："请到我家去！"二人同往，只见此地广袤无垠，令人惬意。有一座富丽堂皇的宫殿，皆用珠宝镶嵌。当二人来到宫殿门前，从里面出来许多女子，只见她们面容各异，有的白皙、有的红润、有的蔚蓝、有的橙黄、有的淡绿，分别饰以宝贝和骨饰。她们把她领入宫内，设宴款待，摆放以前从未品尝过的珍馐异食。于是，又到了一只金瓶旁，瓶口饰有绿松石，甘露充盈，内外透明，像一个一尘不染的玻璃球。一会儿，慈尊妙音菩萨骑着青龙飘然而至，青龙生就金翅和火冠，令人百看不厌，它旋即钻入母亲腹内。只听从腹内赋诗道：

"自己心境从来清净，
法性平等极乐世界，
亘古以来成就三身，
归根到底我是文殊。"

随即梦醒。又数次梦见涉水过河，日月升起等奇异兆头。从此，母亲感到身轻气爽，神志清醒，反应敏捷；乐明无瑕的气象充满四周，住房上空经常升起彩虹，有时飘荡着以前从未有过的香气；家乡附近的禽兽成群结队，来到房子周围，绕圈不已等等，出现各种吉祥景象。

十月怀胎，临近分娩。一夜，母亲做了一梦，梦见各色人种欢聚一堂，都嚷着要看热闹。母亲问："热闹在哪里?"答："在这里。"只见自己的腹部开了一个口子，从外面看见有一把锋利无比、寒光闪闪的刀，从刀光中闪现着如来佛金身，充满整个方隅。

父亲也做了一梦，梦见从妻子肚脐中长出一棵奇特的树，枝繁叶茂，花果累累，超前早熟，成为一切众生的滋养品；树尖上落了一只金色鹦鹉，婉转鸣叫，夺人心魄。

第二天早晨，父母二人互说梦境，均感诧异，认为要出生一个专为他人谋利的灵童。二人想法一致。

藏历十二月初十上午，母亲没有任何疼痛感觉，顺利分娩。这时，碧空万里，但有细雨降下；天空充满彩虹网、半璎珞和各种供品；大地充满琼浆，花团锦簇，馥郁芳菲。出现很多祥兆。

第三章 童 年

出生后大约过了6个月，吉祥天母（དཔལ་ལྡན་ལྷ་མོ། 密乘中妙音天母化现忿怒形象的一尊女护法神名——译注）从母亲怀中抱起婴儿，飞向虚空，边飞边用手指点着领地三环（སྟོད་མངའ་རིས་སྐོར་གསུམ། 吐蕃王朝后代尼玛衮，于公元10世纪出走阿里，分别建立的三个小邦——译注）、中区前后藏四翼（བར་དབུས་གཙང་རུ་བཞི། 上区阿里，中区卫藏，下区青康——译注）和下区青康六冈（སྨད་མདོ་ཁམས་སྒང་དྲུག 古代藏文典籍中所说的青康之高地——译注）的各个方位，授记说：“这些都将成为您所开化的徒众。”

历经数月，周游各地后，重又回到母亲怀中，这时看上去已是5岁的个头了。父母因孩子离开，担惊受怕，今见孩子重新回家，满心欢喜，便起名为“奇生”（ངོ་མཚར་འབྱུང་གནས）。

乡亲们说：“这孩子虽然丢失长达6个月（原文如此），但没有死，应起名‘永生金刚’（འཆི་མེད་རྡོ་རྗེ）。”

从孩提时代起，脱离低极趣味的言行，大慈大悲与生俱来，不贪饮食，驾驭梦幻，回忆前生，感念轮回无意义，身上不生虮虱。无论坐在哪里，都正襟危坐（禅虑状）。梦中飞行太空，遨游若干佛国，期间讲闻佛法不已，亲见佛陀天颜，并从其得到授记等，梦兆奇特。

6岁，父亲教他拼音，未费多大功夫，全都掌握。与此同时，收集有关纠正读音的书，悉皆通达。当看见僧众诵经之时，对其内容产生很好的理解，并记住语句。

7岁，父亲从猫头鹰沟请来德喜加俄（བདེ་གཤེགས་རྒྱ་བོ）和娘·项曲（སྙང་བྱང་ཆུབ）二位上师建立法缘，上师所讲一切经义，都一一记在心中。他们把这个情况告诉家人，大家肃然起敬，激动得热泪盈眶。

秋天，大宴宾客，受请的几位僧人需要住宿。他想知道他们究竟说些什么，于是偷偷地跑去听，原来他们在讲立论和驳论的大道理，都被他一字不漏地记在脑子里。

一天，与琼保（ཁྱུང་པོ）、赞科切（བཙན་ཁའོ་ཆེ）和格登本（དགེ་འདུན་འབུམ）等小伙伴一起去野外采摘鲜花，当地乡亲为其行善积德，发愿回向，赞颂施舍，此类仪轨也都一一掌握。

他对父亲举行的金刚橛（宗教仪式使用的降魔橛——译注）仪轨只看了一眼，就对跳神（འཆམ）舞的音乐心领神会，精通了达。

8岁，开始习字，普遍学习楷书、草书、兰札、瓦德以及印度、尼泊尔等国文字，先后学习了57种不同语言，全都轻易掌握。之后，了解制作金银宝器的工艺方法，熟悉如何识马、识象等积累财富的门道，研究收集天灵盖、犀牛角、餐具、茶砖等生活方面的学问。

上述知识，悉数精通。另外，学习金匠、银匠、石匠、木匠、铁匠的技术和丝绸、布匹等纺织术；学习裁缝、绘画（佛画）、雕塑、瓷碗、油漆、陶瓷等工艺；学习琵琶和笛子的演奏技巧；学习唱歌和跳舞，以及拈阄（掷骰）方法，等等。

以上技艺，只要瞅一眼，就心领神会。资智聪睿，名声鹊起，所以又起名为智生（ཤེས་རབ་འབྱུང་གནས）。

9岁，父亲授予正语和金刚橛灌顶，他从其中的续部中大量研习经典大疏，都轻易洞悉。

10岁，委以重任，父亲把自己的存书全部交付于他，并为他建造法座。他说法论经，对金刚橛法通达无碍。

11岁时，有一位名叫格玛嘉（དགེ་མ་ལྕམ）的小姐，出身尊贵，家有万贯资产，在尼南地方可以说美貌出众。父母亲准备将其纳为儿媳，但热译师却说："我不娶妻。"父亲说："修大乘密宗，必须要明妃。"父命难违，只得娶妻。

婚后，仍然孝敬父母，传为佳话。他非常同情乞丐。在尼南，财富方面逐渐显赫，成为人们向往的对象。但是，热译师性格非常倔强，只有耿耿初衷，从不附庸风雅。如果自己不愿意，即使达官贵人，也要厉声斥责，或以棍棒驱打。父亲没办法，只得让他闭门静修。

第四章　尼泊尔取经

从 12 岁到 14 岁之间，一直谨守正语。这时，病魔缠身，心思外骛。虽然出现了许多净障除魔的征兆，但终未能亲眼目睹（抓住机会）。他自己说："这是因为没有缘分所致。"一夜，他做了一梦，梦见 4 名女子一丝不挂，身涂麻油，脸色蔚蓝，项挂骨饰，款款而来，并作歌道：

"具有福分善男子呀，
修炼彻悟善业浩荡，
勤信精进心智聪慧，
请你不要呆在这里，
迅速前往尼泊尔国，
那里有你宿世上师，
他的名字叫燃灯祥，
向他请授甚深教诫，
请办世事贤善男子！"

歌罢飞向太虚。一觉醒来，只感全身产生以前从未有过的上妙三摩地，激动得泪流满面，信仰更加笃诚，恨不得立即见到上师，遂反复祈祷。

早晨，他来到父母身边，说："我要到南尼泊尔去取经。"父母说："法在藏地，你却去尼泊尔，这是为何？"

"我得到了授记。"

"授记是什么样的？大概是你静禅不力的缘故。"

又过了一年。一天，半夜时分，以前的那位女子带领随从，亲自到他静禅的茅屋门前，说："我是你几代人生的护法神，按照从前所授记的那样，速到尼泊尔去，那里有一位名叫巴若（བྷ་རོ）的阿阇黎（上师），他有殊胜成就传授给你。"言毕，随着吵嚷之声，纷纷离去。

又像以前一样，向父母要求学法，父亲说："这孩子看起来有点与众不同，肯定是空行女的授记，还是放了的好。"于是结束静坐，向所有修行处和名胜古迹大量供施，向一切僧人和咒师施以上妙供养，祈祷在前往尼泊尔途中一帆风顺。父母送给 10 两金子，好友们各送一钱金子，乡亲邻里们也各送些散碎金子。总共得到 29 两金子。

他想找一位伙伴同往，但未能找到，只好孤身前往。一路上，经过了峭壁栈道，恶水险滩，猛兽出没的莽莽林海，劫匪横行的高山幽谷，最后终于到达尼泊尔人杰地灵的耶让（ཡེ་རང）地方。

这是个盆地，形似盛开的莲花，吉祥惬意，五谷丰登，河水潺潺，澡池飘香，药园清新，芳草如茵，百花怒放。马、大象、牛群悠闲自在。

有许多佛陀在世时大转法轮、躬身莅临的奇异所在，有班智达和得道高僧的住处，有若干勇士、空行聚集的尸林，真可谓奇特空行洲。

周围长着各种树木，其中有旃檀、沉香等，布谷鸟、鹦鹉、麻雀等珍禽栖息林间，啁啾鸣叫，十分动听。

在中央地带，有座大都市，街道四通八达，城墙方正，城门四开，居民达 50 万，人群熙攘，他们大小平等，庄稼连年丰收。在以王宫为首的美妙建筑群中，有 500 座高楼大厦，分别饰以水晶、羊脂玉和象牙，气势恢宏，光怪陆离。

街道两旁商店林立，布局奇特，从各地出产的商品琳琅满目。居民财茂物阜，互不侵扰，相安无事，变着法子嬉戏度日。许多少女吹笛子、弹琵琶，载歌载舞。

到处都有无数的佛像、佛经和佛塔，人们供施拜佛，香火炽盛，积极上进。无论到哪里，都令人心旷神怡；不管遇到何人，都使人心平气和。

热译师经城北往下走，半路上遇见一群纺织工人，便问道："此地有一位名叫巴若的大成就者，他现在哪里？"他们答道："在此沟头有一座名叫耶让·尼玛当（ཡེ་རང་ཉི་མ་སྙིང）的寺院，他现在就住在那里。"

于是，一路上边问边找。当来到一个能看见寺院的地方时，好多尼泊尔的瑜伽师和地方乡绅前来迎接。他想，他们不认识我，为何来迎？就上前搭话："诸位认错了人。"他们说："谁也没认错。今天早上，上师对我们说：'今天要从藏地来一位缘分不浅的高人，你们前去迎候！'所以来此，现在请您驾临。"

他们沿着一个山岩拐角上行，走了不远，发现前面有一座硕大的白色岩石，形如大象盘卧，上面平坦广阔，百花争艳，溪水淙淙流淌，鸟语悦耳，密林环绕，寂静通幽，令人安逸自在，中间就有上师的方丈室——茅草禅屋。

热译师谒见上师，随奉七匹绸缎，作为见面礼。上师说："本来你应该去年就来，为什么拖至今日？"

"因某种缘故没有来成。现在，乞请上师传给我甚深教诫。"

"噢，这可以。先有什么灌顶供（接受灌顶时，供奉上师和佛的礼物。——译注）快呈上来！"

热译师把以前筹办的金子悉数献上。

"还有的话都呈上来！"

遂脱下身上的衣服也呈上。

"还有！"

"上师，现在只有身、口、意呈上了。"上师高兴了，说："看来藏人的信仰是至诚不变的。"又说："现在开始灌顶，请准备会供曼陀罗（佛教行者，观想凭借神力加持五欲及饮食品成为无漏智慧甘露以供师、佛三宝及自身蕴、处、支分三座坛城，积集殊胜资粮的仪轨——译注）！"说罢将全部金子返还给热译师。他用三两金子举行会供曼陀罗，用七两金子作为灌顶供，请受教诫。上师给他授予金刚亥母灌顶后，又授予密宗修法及所有羯磨集（汇集各本尊所有息灾、增福、怀柔、制伏等羯磨仪轨于一处者——译注）。又从其他班智达处听闻许多佛法。

在云游圣项贡寺（ཤིང་ཀུན）的路上，碰到一位外道，他名叫黑布日那（ནག་པོ་）。只听他道："你可以做我的学生。"热译师说："你是谁？懂什么法？""我是外道黑布日那，懂四吠陀等法。"热译师正言厉声，说：

“就像一个人不可能弃马乘驴一样，我已皈依佛教，岂有再入外道之理。”

外道勃然大怒，“你是个愚蠢固执的人。到底外道好，还是佛教好，须经辩论才能分晓！”于是二人展开舌战，最后被热译师驳倒。外道说：“你只熟悉语句罢了，七天之后等着瞧！”说着忿忿离去。

热译师在圣项贡寺烧香拜佛，转经游学。而那位外道却发奋修炼金刚橛射箭法。过了五夜，热译师出现各种不明幻象，用金刚亥母进行遣返，但无论怎样努力，依然如故。热译师心神不宁，暗忖道，以前我从未遇到过这种情况，现在只有上师才有遣返法，需前去请教。

热译师又来到上游，见过上师。上师说：“徒儿，你没有冒犯凶神厉鬼吧？没有招致外道恶咒吧？没有败坏上师的教诫和三昧耶戒吧？昨晚梦见一金塔底部朝天，日月坠地，今早你来了，果然是不祥之兆。”

热译师向上师说明了与外道争论之事。上师说：“不好！不好！那黑布日那在其 300 名外道当中数他本领最大，许多印度和尼泊尔的出家人都被他杀害。现在要紧的是如何遣其咒力。对此其他方法都不能见效。我有非常深奥的欧其（ཨཁྱེ）遣咒术，今传授给你。”于是，向上师呈送一两金子，把欧其遣咒术及运用方法全部学到。

热译师将金刚亥母的唐卡放在卧铺旁边，在青石板上画好遣返轮图，自己钻入缸内，然后把石板盖上。念发咒术，专心不怠。

傍晚，忽听一声巨响，循声望去，只见一檀木橛用红绸包着，上面系着飘带，呼呼飞来，砸在门上，门被劈成两半。

半夜，那声音又响起来，察看之间，一木橛已落在床边的唐卡上面，唐卡被碎为粉末。

天刚拂晓，那声音与木橛依然震响，不绝于耳，砸到房柱，立即裂成两半。天大亮，热译师却安然无恙。此消息一传十，十传百，最后传到那外道耳边，他羞愧难当，万念俱灰，自缢身亡。

热译师想，这遣咒术如此深奥玄妙！看来还有生起次第和圆满次第的，或者与此有关的许多门道。又向上师请教，上师却说："再没有别的可传了，所有教诫业已授毕，现在只剩下你悉心修持了。"

热译师把所剩的全部金子献给了上师，并绕匝施礼，准备返回藏地。当来到尼泊尔一个集市时，忽觉有人在身后扯拽他的衣服，转身一看，原来是一名美丽绝伦的女子，她全身缀满金银宝玉。她说："你没有学完教诫，却意欲何往？"

"我已学完所有教诫，现在想返回藏地。"

"丢掉主干，抓住枝叶，荒唐可笑。"

"那怎么办？"

"还有不同寻常的甚深教诫，你回去后再请授！"言罢似彩虹逝去。

热译师又折回，来到上师身边。上师问："你又回来，是为何故？"他说明原因，道："上师还有甚深教诫，恳请赐教！"上师说："现在确实没有其他教诫，不信你问学生们便知。"

热译师还是有点不相信，疑惑不决。上师有个习惯，就是每当天一黑便往那边密林中行走。这天，热译师又看见上师如同往日一样进入那片森林，就悄悄跟在上师后面。当来到一片桦树林时，只见各种花儿争奇斗艳，中间有一处深邃的岩洞，从里面流出一股清泉。转眼间上师已进入那洞，热译师也跟着进去，只见地上铺着吉祥大威德（དཔལ་རྡོ་རྗེ་འཇིགས་

ཇེད）的唐卡，前面献着五色施供，上师赤身裸体，项挂骨饰，专心修念开来。看到此景，不由感动得热泪盈眶，平添极大敬信，悲喜交集。热译师经过一番连续顶礼，即兴作偈：

“呜呼壮哉宝贝上师，
您是一切三世佛陀，
意念化身众生主宰，
难道不能恻隐我吗？

本人已把血肉之躯，
托付于您至尊大师，
但在传授深奥诫时，
为何吝文不传全部？

尚未传授扼要佛法，
却说授完所有教旨，
如此言语前后不一，
本人想来心灰意懒。

现在乞请上师足下，
一定赐我深妙教诫，
到了别处浪费生命，
除此而外不迈半步。”

说完划界而坐。上师说：

“历来所谓密宗要道，
是指佛法海中心藏，
虽想此生欲得菩提，
但具劣根无法享受。

尤其吉祥威德要道，
较之其他密意殊胜，
尽管佛法深不可测，
但非浅福不能涉足。

若要学习如此善法，
首先需要黄金献礼，
需要空行喜的会供，
需要上师乐的侍奉。

需要永不变的笃信，
需要能吃苦的精神，
如能做到可传教诫，
否则传了终属遗憾。

我非故意悭吝不传，

此法蕴藏空行灵魂，
恣意破坏恐遭报应，
你别固执贤善男子。”

言毕不知去向。

天慢慢发亮，热译师想，这个殊胜教诫谁都很难拥有，一定要学到。但是，没有金子难以实现，还是先回藏地，筹备些金子再来。

在返回的路上，碰到一位尼泊尔译师，他问：“昨晚你到哪去了？”他把情况作了说明。尼泊尔译师说：“如果这样的话，你不要回藏地了，金子由我来想办法。”

这时，一位尼泊尔巨商患病，想了各种办法也无济于事，经人介绍，热译师应邀前往。这位大商人道：“我病入膏肓，将不久于人世，恳请慈悲！”说着哭个不停。热译师施以金刚亥母加持，过了三夜，商人痊愈，深信不疑，连连磕头，并说道：

“懦弱众生的救世主，
神圣志士你从哪来？
来到此地有何贵干？
请你如实向我告知。”

热译师说：

“本人历来害怕死亡，
离开藏地来到贵国，
投奔巴若大德名下，
愿意听受甚深教诫。”

商人说：

“那个所谓巴若喇嘛，
教诫虽深佛法寡闻，
听说以前学生尚多，
也未传授根本教诫。

我想你已贵体劳顿，
因此请你下榻舍下，
我有各种金银细软，
宝库数千连绵不断。

我女花灯美貌出众，
献于足下纳为妻室，
只要本人活在世上，
尽管久住供奉不怠。”

热译师说：

“商人不要如此说话，
闲暇人身本来难得，
鲜有机会接触佛法，
皈依佛门更是困难。

此生授予无上法者，

金刚上师寥若晨星，
为了圣法为了上师，
献出生命在所不惜，
轻视钱财无需论说，
为了教诫还是前往。”

商人说：

“倘若足下执意要走，
我等为了报答慈恩，
献上礼物五百黄金，
希望今后常来走动。”

说着献出500两金子。

热译师拿着金子，来到尼玛当寺。但上师外出不在，便问侍从，他们说：“我们也不知道，找又找不到。”

热译师想，看来我没有听闻那教诫的福分了，现在把这些金子献给此地佛教胜迹，然后回藏地。那天夜里，做了一个梦，梦见自己上穿半边天衣，下坐半边地垫；身披云氅，头戴日月，骑水性马，身燃烈火，烧毁万物；口射光芒，照亮世间，驱除黑暗；服毒之后，身体却显为五彩霓虹；潜入大海深处，见各种宝贝熠熠生辉，从中得到如意宝；各种肤色的人从四面八方聚拢过来，从自己胸口放出光芒，照到那些人身上，他们立即化为光团逝去。

第二天早晨醒来，不禁大喜。因情绪高涨，便向尼泊尔译师询问梦境。尼泊尔译师道：“我不知道。在瓦拉哈底（བ་ལ་ཧ་ཏི）王的宫殿北门，住着一位婆罗门解梦师，问他便知。”

于是热译师到了那里。那婆罗门解梦师青面蓝目，白发顶髻，眉毛和胡须很长，都遮住腹部了，下身穿黑布短裤。他见热译师走来，便起身迎接，迈七步后说：

“你是一切佛陀弟子，
所有相识来历不凡，
假如要问这是何故，
本人发现你非一般，
贵相具备十三庄严。

一旦谁人依从足下，
不难得到解脱地位，
毫无疑问圆满成佛，
这是本人明显感受。”

他把热译师邀至家中，盛情款待。热译师将一两金子献在婆罗门解梦师手中，说：

“精通所有吠陀经典，
道行高超闻名大仙，
我有小事相烦问询，
乞请不昧指点迷津。”

热译师把以前的梦境说了一遍。婆罗门听了，经过一番思考后，说道：

“自古以来梦境虚幻，
全无实义欺诳迷乱，
但是今次这个梦境，
看来日后预示奇迹。

半边天空当作衣穿，
预示你将成为大德，
得到证悟与天平齐，
德行高妙所有人等，
皆悉聚集你的名下。

半边大地作为坐垫，
预示财富似雨连绵，
另外一切善妙之源，
积集福分大贵资粮。

身披上方白云大氅，
预示分别成为妙庄，
胯下乘骑水性骏马，
预示法统似水流长。

自己头戴太阳月亮，

预示遇到二位教授，
他们恰似日月同辉，
即将授予深奥教诫。

全身上下烈火炽燃，
世上万物烧焦不留，
预示他人不能挑衅，
反而剿除所有异己。

口中射出一束强光，
且把整个世间照亮，
驱除世上阴暗角落，
预示讲闻发扬广大。

口服草乌安然无恙，
身体显为五彩霓虹，
预示五毒未弃以前，
一直悉心转为道用，
智慧本光怒放不停。

浩淼海中找到珍宝，
预示得到非凡教授，

还有妙善深奥佛法，
自今开始半年以后，
如上预言逐渐成真。”

听罢，热译师大喜过望，暗忖道：“现在无论如何也得投奔上师去。”他一边寻找，一边向四周祈祷。日夜兼程，先后经过山坳、尸林、村庄、城市、芳草地、集镇、文化殿堂、茂密森林。

大约过了6个月，盘缠也用完了，鞋也磨破了，手脚生疮，裂开口子。尽管非常疲惫，但仍然靠着草根和泉水顽强支撑，继续寻找上师。

当到了印度与尼泊尔一交界处时，见此地荒漠茫茫，没有山，大风呼呼吹，茅草发出嗖嗖声。只有在很远的地方，隐约看见稀疏的紫檀林。虎、豹、熊成群结队，看样子好像要扑过来似的，多么令人可怕。

此时此刻，他感到自己跟迷失方向而身处逆境的盲人一样，不禁伤心起来。因生活过于艰苦，头风发作，在太阳未落山之前就晕倒了，不省人事。待稍微清醒后，心里想，哎，我要死了，至今还未晋见上师，但愿后世相见，再请赐教诲吧。

正在这时，顿感全身轻松愉快，疲劳顿消，疮与裂口荡然无存。在疑惑不解之际，来了一位全身乌黑的女子，她项挂骨饰，梳着辫子，说道：

“孩子别坐速跟我走，
从此开始向着东方，
遥远道路自有标记，
如诚信法当往彼处！”

说着迅即消失在远方。

热译师紧跟其后，来到一片紫檀林，见一群鹦鹉正在埋头觅食，而一只隼却从背后一只一只地捕杀，其它鹦鹉却毫无察觉。

看到此情，心生感悟：死神好比是隼，他一一将人逮去，而人们却依然贪著钱财，我行我素。

又往前行，来到一条大河边，见水流湍急，浪涛汹涌，有许多人没有渡过去，滞留在岸边。有一个船夫，有些人便与之交心，要求将他们摆渡过去，他用水牛皮做的筏子把人们送到彼岸。有人未理会船夫，独自涉水，却沉溺而亡。

见到此情，受到启发：救渡生、老、病、死的河流，没有船夫一样的上师，是不能到达彼岸的。

又向前行，亲眼目睹了一个猎人上午射杀一只鹿，晚上来了盗贼却把他杀死的场面。从这个事情中得到的启发是：一切黑白业果，悉无欺诳，定当取舍有度。

之前的那位女子来到他面前，说道："你到南方密林中去！"遂来到此地，见一婆罗门利用变金术将许多铁变成金子。心里想道，一旦有变金术一样的菩提心，使所有事情变成菩提根本，也跟铁变成金子是一样的。

又向前走，发现一个小男孩睡得很香，尽管被 5 条蛇悄悄叮咬，但他全无知觉。这时，心里暗想，因沉缅于无明的睡眠，而被五烦恼的毒蛇叮噬，也无所感觉。

又向前走，看见一匹良马被一条金质马绊所羁，不能走动。因而想道，由于陷入执著的镣铐，不能生起自然智慧。

之前的那位女子又来到面前，说道："现在你到西面的森林中去！"于是，热译师又来到此地，看见一个人，这人眼睛不看别处，只盯着镜中自己的影子不动。因此想道，上师的言教就像镜子，自知之明，不可枉费，应予保护。

又向前行，看见阳光照到雪山，融化后成为雪水。这时心想，倘若修炼生起次第，血肉之躯化为虹体，现出本尊贵相。

又向前走去，看见一只金翅青龙，头顶饰有宝贝，人间所需皆从此来，无需从别处寻找。因而想道，自己本来具备法身，何须另找他人。

是夜，睡于一岩石脚下，那女子送来许多饮食，并说："明日早晨你去北方的森林，将会看到一群大雁飞来，其中就有上师，你毫无顾忌地把它抓住！"

早晨，来到北方森林等待，果然飞来一群大雁，上师到底是哪个呢？正在踌躇之间，雁群飞走了。那女子又来到面前，说："你这傻子，竟然不认识上师。也罢，明早会来几位女子，上师就在其中，不要让他跑了，一定抓住！"说罢不知去向。

翌日早晨，果然来了几位女子，他抓住其中之一，不料燃起大火，但仍然紧抓不放，火又变成了水，还是抓住不放。正在这时，上师直立面前。热译师喜不自胜，连忙绕匝，磕头不迭，敬奉金子，毫无吝惜，并祈愿说：

"学生本来具备福分，

今天得以晋见上师，

一切所有深奥教诫，
现在乞请授予慈悲。”

上师说：

“呜呼壮哉英雄豪杰，
信仰坚毅智慧具备，
身价性命毫无顾惜，
寻找教诫堪称神奇。

不恋家乡不念亲人，
皈依上师堪称神奇。
你对钱财视若粪土，
布施一切堪称神奇。

从来没有怠慢懒惰，
一心勤奋堪称神奇。
虚情假意本非所愿，
至心敬信堪称神奇。

圣人志士你确神奇，
无疑具有言教根器，
本人自有深妙教诫，
现在准备传授给你。”

又说道：“我很早就知道你是个具有根器的人，但那时不是传授教诫的时候。为了严肃佛法，没有授予。现在到了时候，该传给你了。请首先备办会供!”

热译师说：“这里条件不具，请您到耶让。”上师说：“这需要非常保密，还是这里适宜，会供所需不成问题。”

上师只仰天一观，霎时聚来不计其数的空行勇士，其中有的摆座，有的设曼陀罗，有的举行盛大会供与祭祀，一切手续，一时完成。

初八日上午，在文殊大黑威德道场内授完灌顶。傍晚，于六面文殊道场内授予灌顶。子夜，开启佛吉祥大威德十三本尊坛城，授完四灌顶及其仪轨，也授予很多至奥密乘修法和羯磨集。

这时，天空充满佛，他们进行加持；佛眼菩萨（སྤྱན་མ）举行洗礼；忿怒本尊（ཁྲོ་བོ）和忿怒佛母（ཁྲོ་མོ）禳灾祛邪；金刚女等进行施供。

同时，妙音奏响，祥光普照，地动山摇，虹帐悬空，五彩花雨缤纷，瑞气莹莹。从天黑到天明，上师和空行勇士同时咏唱金刚歌，蹁跹起舞。举行盛大会供后，对热译师进行授记和加持。

天亮后，空行勇士分别回到自己的住所，那坛城也化光而逝，会供的食子也像梦幻一样不翼而飞，只有上师一人在场。上师说道：“这个《金刚大威德要道》（ཟབ་མོ་རྡོ་རྗེ་འདྲེགས་བྱེད），是一切续部之精华，较之其他密宗强十三倍，慑伏暴戾者以成佛，使上等资智的人今生得到成就，中等资智的人临死得到成就，下等资智的人于中阴得到成就，如此经久不衰，加持之香味弥漫，是空行之心要。今夜我已传给了你，希望你不要乱了方寸，专心致志修炼，此生驾虹而去，不成问题。”说着把金子还给他，

"我用不着金子，只是为了圆满你的资粮，为了教诫的尊严，才收取金子的。现在用这些金子供奉此地的佛教胜迹，并诚心祈祷，能成大事。"说罢腾空而起，朝尼玛当寺飞去。

热译师先后游学列雪（ལི་ཤོད）、灵鹫山、郭达布拉（ཀོ་ཏ་བི་ར）、察巴察雪（ཚ་བ་ཚ་ཤོད）、以身饲虎地（སྟག་མོ་ལུས་སྦྱིན）、八十大成就者禅洞、夏绒卡霄（བྱ་རུང་ཁ་ཤོར）、圣项贡大寺（འཕགས་པ་ཤིང་ཀུན）等尼泊尔名胜古迹。广施供食，宏发宿愿。向其他授法的上师们也供献金子。

之后，他来到尼泊尔的卓当（སྒྲོལ་སྙིང）地方，找一座茅屋住下来，头不落枕地一心修炼。

藏历七月十五日，空中声光大作，循声望去，只见文殊菩萨被十方佛簇拥着。顿时，菩萨慈悲之心轻而易举（不知不觉）地深入热译师灵魂；彻悟浩瀚续部之旨要三昧；在讲、辩、著三方面，得到无与伦比的勇气。

二十五日拂晓，"呀嘛拉匝"（ཡ་མ་རཱ་ཛ）的咒声，如霹雳震响，大地和山岳呼呼滚动。究竟发生了什么？正在惊疑之间，只见茫茫尘世，火海一片，其中佛吉祥大威德十三本尊的坛城充满天界，周围被一切忿怒本尊和忿怒佛母围绕着。

这时，以前的病魔被赶出身外，安乐无漏的三摩地深入心头；变化无穷，法力无边；执著的绳结自然解开；洞悟佛法如天广大；真正掌握了殊胜成就。

三十日夜，亲眼目睹大黑阎摩敌和六面本尊群之容颜。

藏历八月八日，亲见妙音女变成 16 岁模样，花容月貌，身缀璎珞，弹奏琉璃琵琶。因此，对以歌为首的许多文化自然谙熟。

二十九日，吉祥天母被十万黑天女簇拥着来到热译师面前，说："我们从木列丁（སུ་ལེ་དིང）海而来，是吉祥眷属，名叫热玛德（རེ་མ་ཏི），曾经帮你办理事业，现在仍然办理。因此，请给我们撒一把朵玛（食子）吧！"说罢，不知去向。

尼泊尔的山神们也施礼服侍，寄托命运。热译师又来到上师跟前，禀明事情经过。上师说："这是上师和本尊的大恩大德，请报答之。"遂举行盛大会供。上师说："现在你见了本尊神天颜，又实现了齐天事业，得到成就。返回藏地吧！将来能成就众生的伟大事业。"把手放在热译师头顶，说：

"哎呀徒儿具有福分，
持明识礼智慧超人，
前生修养并非一般，
现时我俩邂逅一起。

得到一切深法要义，
掌握金刚威德深道，
圆满实现双运证悟，
得以瞻仰本尊天颜。

现在你要返回藏地，
雪域人等难以开化，

诚如所谓漆黑一片，
希望点起佛法明灯。”

言毕，授予莲花金刚阿阇黎（སློབ་དཔོན་པདྨ་བཛྲ）的铃杵（རྡོར་དྲིལ密乘法器——译注）、上师自己的本尊石像和《秘诀袖珍本》（གདམས་ངག་གི་ཟེའུ་འབྲུམ）。热译师向上师连连绕匝顶礼，呈献所有东西，说：

“我的唯一恩师面前，
一心一意乞请皈依，
但凡我等无数众生，
敬希关照菩提前程。

您的高徒是我热氏，
由于前生积聚善业，
得以叩见上师真佛，
掌握深奥耳传秘诀，
现在本人心想事成。

谨遵师言返回藏地，
在我返回藏地途中，
诚心祝愿一路平安，
加持成办众生事业，
加被师徒后会有期。”

上师也高兴了，说：“就这样办。”

于是，热译师往回走，来到以前那位商人的住处。商人高兴地说：

“我因积福没有死亡，
遇见阁下非常高兴，
自从那时直到今天，
您这圣贤去了哪里？”

热译师说：

“我从贵府拿到金子，
去找上师但他不在，
历经六月遍寻十方，
最后觐自梵尼国界。

上师授予甚深教诫，
现在准备返回藏地，
商人一向安康如意？
呜呼奇哉地久天长！”

商人把热译师邀请到屋内，连续十五昼夜盛情款待。商人呈供金子，热译师没有接受；又献了许多名贵药品，说：“如果以后再到这里，请到我家来！”热译师说：“可以。”高兴地接受了。

这时，那个尼泊尔译师也说：“我跟您去。”于是，二人结伴而行，朝藏地方向走去。半路上，撞见一只猛虎，热译师使用定身法，只一握拳头（结手印），那虎便直挺挺躺着不动。走了很久，解开手印，那虎才起身离去。直到现在，人们仍然把那个地方称为“迦支摩哈”（བྱ་སྤྱི་མོ་ཧ）。

当他俩来到当玛（ཉིང་མ）集市时，遇到一个人。此人名叫诺布（ནོར་བུ），是远近闻名的富商。他骑着一匹青色骡子，赶着百匹骡驮（货物），领着三条狗，有近 20 名随从簇拥前后。只听他道：“二位去了哪里？”

“去了尼泊尔。”

“去做生意？”

“是做生意。”热译师用歌答道：

“顶礼巴若上师足下，
加持消除众生贫苦，
我乃业障士夫商人，
为了寻求果报买卖，
在那大乘骡子身上，
配以虔诚不变鞍鞯。

装备十善货物驮子，
结交四无量友同行，
到了两种资粮集市，
有寂之间空营投宿。

因以方便智慧贸易，
赚取三身宝贝利润，
向那安乐方便主人，
上缴没有顾虑课税。

有个智慧空行母亲，
迎候饯行离合法则，
在那死无定准本宅，
空明母子得以相会。

自生功德资财富庶，
征服可恨我执魔鬼，
爱护抚育六道众生，
此生安乐后世幸福。
我的生意就是这样，
您如愿意不妨一试。

平时吝啬所积家产，
勤勤恳恳多有辛苦，
但是死后别人拿去，
成为招引敌人扇子。

某种因缘和合亲眷，
表面看来和睦喜欢，
有钱亲切无钱为敌，
你我生隙反目为仇。

专门招来一群家奴，
虽以衣食悉心照料，
但少欢喜反多埋怨，
成为搅乱心情根源。

上师较之官人美善，
神圣七宝比财宝好，
菩提心比一般友强，
四种事业比家奴好。”

商人听了非常高兴，信念顿生，立即下骡磕头不止。把这些货物一应献给热译师，说：“启授教诫！”热译师授予吉祥金刚威德之灌顶，并施以教诫，商人彻悟，得到殊胜成就，向其眷众示禅，使他们成熟解脱。

那时，在尼南出现传言，说永生金刚到尼泊尔后，中了外道恶咒而亡。听到这话，热译师的哥哥丹哲（བསྟན་འཛིན）以做买卖的名义，带上二两金子，前去打探弟弟是否真死。行至半路，正好遇见弟弟，说：“在尼南盛传你已死去。没有死很好。你到底去了哪里？谒了哪位上师？受了何种教诫？”热译师回答说：

“本人前生积福不浅，
一于殊胜南瞻部洲，
二于具备十善藏地，
得到优越暇满人身。

自从出生直至今日，
嫉恶如仇扬善弃恶，
勤勉善法始终如一，
守近事戒视如生命。

实践大吉胜乐金刚，
履行生起圆满次第，
本人因此没有自满，
为了佛法至尼西端。

路途遥远历尽艰辛，
忍受无数寒热痛苦，
但是想来劬劳值得，
终到尼国六畜兴旺。

谒见一位依处上师，
他以金刚亥母加持，
我未因此感到自满，
仍请授予甚深法旨。

师说除此没有教诫，
本人准备返回藏地，

欲界仙女指点迷津，
复乞金刚威德教言。

师云无钱授法枉然，
说罢旋即不知去向，
路遇商人达瓦桑布，
治其疾病救其性命，
作为报恩回赠金银。

拿着金子去寻上师，
当我来到紫檀林苑，
全身被刺扎得疼痛，
流血过多身体虚弱。

原先好衣褴褛不堪，
当我来到岗波雪山，
得了雪盲滞留三夜，
全身四肢疮口迸裂，
皮肤溃烂鲜血淋漓。

当我来到大漠深处，
烫沙使身生起水泡，

粮断鞋破多遭磨难，
连续三夜发烧昏厥。

总之经过九死一生，
下定决心寻找上师，
授记妙法端倪显现。
自从谒见上师以来，
传授所有经典心要，
较之其他密宗殊胜，
吉祥金刚威德教诫。

那个时候空行云集，
奇妙景象不可思议，
灌顶教导仓廪满地，
亲见文殊猛静尊颜，
发现本性无边清净，
不了乘义迎刃而解，
我的心愿得以满足。”

听到这里，哥哥非常虔信，把二两金子献给了弟弟，请授教诫，发奋修炼，亲见吉祥大威德容颜，得到殊胜成就。同时，尼泊尔译师也得到解脱，驾驭神通变化。

第五章　家乡弘法

三人结伴而行，回到藏地老家。这时，热译师以前的那位名叫格玛嘉的小媳妇，已出脱得姿色艳丽。在尼南，有个智氏（འབྲི）大户人家，他们看上了格玛嘉，打算娶她为妻，但她没有答应。智氏家族有 300 座城市，他们调动上述城市的军队，抢走格玛嘉，掠去财产，把她的父母打得死去活来，将其兄弟们投入监狱。父母说：

“我的儿子你若有能，
现应施给智氏家看，
即使别处得到成就，
也与未得有何区别？

我们向来敬业信法，
没有伤害任何人等，
而今无故遭此不幸，

现应解脱这些恶魔。”

说着泣不成声。热译师说：“父母亲不用担心，解脱这些人算不了什么。”说罢，入定吉祥大威德三摩地，并做出用水牛角抽打的姿势，那些城市顷刻间变为废墟，那些坏人也被粉身碎骨。

这样，把他们一个不剩地超度到文殊菩萨的世界中去了。男女老少没有一个不害怕的，纷纷请罪，拜倒在足下。释放囚禁在监狱的兄弟们，送还妻子及较前更多的财产，使所有的人或者成为施主，或者成为百姓，大家互相平等，没有敌我之分。

这时，热译师唱起了道歌，名叫《战胜内外敌人》：

“自己亲戚或者敌人，
法界冥冥浑然一体，
但在愚昧众生心中，
凡夫上师显为两样。

在那三界轮回城中，
时常忍受无边苦恼，
归根到底我执作祟，
罪魁属于烦恼五毒，
罪障习性暗中怂恿，
魑魅仇敌集于本身。

为了解脱此等敌人，

我这具备三昧瑜伽，
精诚发起大菩提心，
禅修三门圣三摩地。

我用自然清净食子，
狠砸我执魔鬼头部，
使之到达无我空界，
根本清除无明邪念。

专心利用忆念橛子，
斩断烦恼五毒命根，
使之到达五识领域，
剿灭造作五蕴因素。

投掷敬勤慈悲丸子，
彻底消除罪障习性，
使之到达无性境界，
一切顾虑烟消云散。

利用霹雳金刚牛角，
同时消灭所有敌人，
度到无生无死地方，

修习一切贪嗔常执。

我的能力就是大乐，
功德就是智慧空性，
现在住于空乐无别，
要说高人像我这样！”

父母亲听了不禁肃然起敬，向儿子请授教诫，并加以修炼，亲见吉祥大威德之尊颜，圆满得到一切地道功德，后来驾虹而逝（这是后话）。

之后，热译师由尼泊尔译师和热译师的妻子格玛嘉二人作为侍从，住于尼南上游的朗贡洞内（སྣང་གོང་ཟག་ཕུག）。在这期间，制伏以“支赞”（ཟག་བཙན）为首的许多土地山神（厉鬼），亲见无量寿佛的尊容，亲自听到“格（ཞིག）”等八仙女唱歌，向许多飞禽走兽示禅，来回行走悬崖峭壁，神通显露。

一天，妻子格玛嘉把一枚名叫空光燃（ནམ་མཁའ་འོད་འབར）的松儿石献出，说：“给我也授予教诫吧！”他授予吉祥大威德灌顶，并授予教诫，使其同时彻悟和解脱，产生天眼和先知能力，亲见丈夫显为吉祥大威德相。

此外，给本地官人多日加（རྡོར་རྒྱལ）、玉茂华嘉（གཡུ་མོ་དཔལ་ལྷམ）、热巴·达玉瓦（རལ་པ་སྟག་ཡུ་བ）等 11 名学生授予灌顶和教导，使他们一一得到相应证悟。

几天之后，忽听有马高声嘶叫，循声望去，只见一处大火猛燃，中间有一尊马头明王像，那像说：

“你是一切佛陀弟子，

成为浊世众生瑞相，
自此以后时间不长，
众生事业发扬光大。”

说着化为一道红光，凌空逝去。

于是，人们都说热译师具有咒力和法力双重教诫，传为佳话，闻名遐迩，一切高低贵贱的人都来瞻仰尊容。大家呈供无数礼物，连续 7 个月斋茶。晚上举行会供，有人说茶香充满整个尼南右沟。

在一个群众集会上，热译师讲法之时，彩虹横空，花雨缤纷，法台摇曳等奇异现象迭出。所有听法的人都看到天地之间神龙空行等聚集听法之状。大家不由自主地心境向善，其中出现许多遵守居士戒和皈依戒的人；每月的十五、三十和初八日，发誓决不杀生的人无计其数；抛弃此生而追随热译师的弟子约达 60 名，热译师给他们授予吉祥大威德灌顶和教诫，使蕴体消失无余（驾虹而逝）。此等众生事业浩荡无际。

一切供品都被用来修建三宝的塔庙，布施乞丐，供养本地僧众，甚至用来制造船只和修建桥梁之用。这样，连一升东西未曾浪费。

有一次，智氏家族也邀请热译师。一路上，这个家族的属民及其他村庄都服侍热译师，呈供无数礼品。热译师转法轮，很多人忏悔前愆，止恶扬善。又聚集了很多弟子，在给他们授予吉祥大威德灌顶和教诫时，大家清楚地看到，热译师的胸口本尊坛城光彩熠熠；内供（佛教徒秘密灌顶时的供品之一——译注）向上跃至一尺高度，也不洒落于地；朵玛食子也变为光团。一切学生自然接受加持，一个个得到殊胜证悟。

此后，云游尼南那毛切（སྙེ་ནམ་ན་མོ་ཆེ）和尼南热巴（སྙེ་ནམ་རེད་པ）等地，所经地区的头人、村庄、寺院都一一供献礼物，给他们讲了菩提心生起次第后，有人发誓不杀生，有人忏悔前过，有人念六字真言达一亿遍，有人放生救命，此等允诺者无数。

当热译师来到此地时，正赶上瘟疫流行，又天旱不雨。人们请求热译师降雨，他只向空中看了一下，立即降下以前从未有过的大雨。

那时，从地下钻出 8 名妙龄龙女，她们一个个头长蛇冠，珠宝裹身，光彩照人，来到热译师跟前。热译师问："你们是谁？""我们是八大龙女，住在外大海。今后您吩咐什么，我等遵办不误。请垂恩加持！"热译师授予教诫，她们得到解脱。为了报恩，奉献红松儿石，用斗计量的话，足满三驮；又献许多宝贝，随即不见踪影。

热译师想，这些宝贝对家乡的地脉有好处，遂作为伏藏埋起来。用松儿石作为资本，将拉堆（ལ་སྟོད）南北的一切旧寺修葺一新；尽释囚犯；改善一切渔夫和猎人的生活；向日加（རི་རྒྱ）、龙加（ཀླུང་རྒྱ）、旦吉戎（བརྟམས་སྐྱི་རོང）、尼月（ནམས་ཡོལ）一带的一切大小寺院大量布施斋供；调解争端等等，善业浩荡。

一时，热译师亲见吉祥摧破金刚（དཔལ་རྡོ་རྗེ་རྣམ་འཇོམས）和秽积金刚（སྨེ་བ་བརྩེགས）二者尊颜。热译师为人们讲述他们的前生后世、坏事好事等。他善断过去未来，名声渐大。

这时，有一位昆氏（འཁོན）尼泊尔人，他有个儿子叫昆·释迦洛追（འཁོན་ཤཱཀྱ་བློ་གྲོས），精通金刚橛法，而且造诣颇深，他嫉妒热译师，鼓动 28 位大自在神（དབང་ཕྱུག་ཉེར་བརྒྱད），运用巨大魔力前来寻衅。热译师摇身一变，显金刚大威德身，用密咒和手印加以制服，使自在神个个木然昏倒。热译师说："你如不服，用火烧死！"昆·释迦洛追魔功自消，心悦诚服，发誓言听计从。

昆氏尼泊尔人听到此事，更加不悦，诬蔑说："这个名叫热译师的，原来是一个咒师的儿子，他从一个名叫巴若的外道那里，学到了一个畜头外道神，修炼有成。人们被他弄得神魂颠倒，谁遇到他谁就会堕入地狱。"

弟子们向热译师说："他对我们无端伤害，请上师惩罚他！"热译师说："不管怎样，我不与佛门之士为敌。与其这样，还不如到南尼泊尔巴若上师尊前去。"正说之时，只见观音菩萨站在半空，身放无限光芒，周围簇拥着许多随从，她说：

"一般在这混沌时代，
野蛮众生难以驯服，
慈悲宝藏是我本人，
能变马头明王等神。

尤其藏地蒙昧黑暗，
教派杂靡人法不明，
粉饰轻蔑积集罪障，
此等行为显而易见。

如今你已功成名就，
亲眼目睹本尊天颜，
导化能力日盛之时，

鬼使神差贪图安逸。

对于非常残暴的人，
和风细雨无济于事，
而以智慧方便对付，
善逝变为可怖怒神。

嘛哈德哇神若发怒，
会把整个世界毁灭，
如果佛陀因悲发怒，
毫无疑问撼动三界。

但是今次此类现象，
是为分辨人法关系，
佛陀善逝一切事业，
诚如释迦佛与吉星。”

说罢不见踪影。

热译师向弟子们说：“那么，我现在做业行（神功），你们准备工具和施供！”当他做薄伽梵吉祥大威德盛大烧施时，顷刻狂风大作，飞沙走石如下雨一般，徒众惊恐不已。热译师却镇定自若，徐缓施法，使和合力量分散，幻术逐渐隐没，天空复又明亮起来。

这时，吉祥大威德显身，神采奕奕，左手拿额头骨，其内有代表正确思想的五十八尊神，最后钻入热译师体内，这是战胜异己的标志。热译师又做迎入功法（密乘修行中，迎来智慧尊，使入三昧耶尊的修习法——译注），身体变成羊状，隐入魔像，魔像被气浪冲出，大家看得一清二楚。

烧施仪轨结束不久，昆·释迦洛追便命归西天，热译师以甚深超度法，使其往生第一文殊佛的心间。

那时，纽苟哇（སྙུ་གུ་བ）们是昆氏的施主与信民，他们因此大为恼怒，商定诛杀热译师及其徒弟们，引兵前来报复。

热译师举衣甩打，顿时狂风大作，山尖被削去一半，摧毁树林，吹散兵丁，溃不成军，把二百座城市的人们赶向远方。热译师的加持功力远近闻名，昆氏弟子们也归依门下，纽苟哇们也俯首称臣，邀请热译师至家中，请求宽恕罪过，并呈供大量财物。

一个时期，纽苟那（སྙུ་གུ་ན）地方的猛龙扰害热译师的徒众，以及附近马类牲畜，热译师对着其所居住的岩石，降下霹雳，把山劈成青稞和豌豆大小的颗粒。猛龙边逃边向后张望，热译师趁势掷去金刚橛，戳瞎猛龙一只眼睛，至今仍有“纽苟那独眼猛龙”的传说。那猛龙走投无路，只好回到热译师跟前，发誓不再伤害众生，尤其不再侵害继承热译师法统者，并献70匹马及其他许多牲口后，受近事男戒。粉碎石山的遗迹至今清晰可见。

后来，定日（དིང་རི）地方的人们把热译师邀请到那里，大转法轮，把无数百姓引向纯净善业之道。这样，很多渔夫、猎人发誓今后不再杀生。在这期间，热译师得到许多诸如马、犏牛、上乘毛哔叽和贵重药材等。

以此为本，向广大僧人进行斋供；诵《契经》（མདོ་སྡེ）百遍；建造接应殿和护驾殿；设立斋茶及斋饭制度；整修旧寺，重新开光。

这时，有一位大善知识（大学者），名叫塔依·塞塘巴（འབའ་བཞི་སེ་ཐང་པ），精通因明学。一天，他来到热译师跟前，说："孩子，听说你从巴若上师那里学到教诫，修证后得到了成就，现在请演示一下玄法吧！"热译师一示期克印（示怒指），河水开始倒流；他又腾云驾雾，在空中翩跹起舞。塔依·塞塘巴见此情景，非常佩服，磕头百遍，绕匝千转。随后，他把热译师邀请到自己家中，以 108 两金子作为首礼，贡献许多财物，说："我只是注重口头禅，丝毫谈不上实践。现在，请上师授予我具有意义的教诫。"热译师用道歌作答：

"即使博通一切法藏，
只懂其义不加修炼，
能说会道等于鹦鹉，
临终之时恐失佛法。

尽管勉强修禅尚好，
如果不对烦恼制伏，
禅姿再好也似旱獭，
恐解脱法反束自身。

今如想知真实意义，
愿意此生证修佛陀，

经常修禅生死无定，
故有必要远离懈怠。

反复思索恶趣苦恼，
故有必要知道取舍。
再三探求解脱功德，
故有必要发奋善行。

依处归顺资格上师，
故有必要指出好坏。
抛却亲眷保持清醒，
故有必要害怕出错。

若集财富请集七宝，
它能使你心想事成。
谨守三昧耶之农务，
它能使你万事成就。

经常观禅本尊次第，
故有消除无边需要。
原始印封纷乱尘缘，
故有解脱有边需要。

如此不断进行修炼，

此生无疑得到解脱。”

说罢，向他授予吉祥大威德灌顶和教诫，并让其禅修。他洞知一切法藏实义，做民众事业无数，最后以空行模样驾虹而逝。

之后，热译师来到辐轮山（རྩིབས་རི），受到此地广大僧俗的欢迎。在盛大集会上，热译师讲许多法。无数人答应不再杀生，发誓诵念嘛呢（མ་ཎི）；贡献经卷、马、绿松石、祭品和炊具的人很多，使这方面应有尽有。

热译师针对某些地方的纷争，晓之以理，动之以情，并赐给财物，使他们和解；释放所有囚犯，使其得到自由。在给百余名学生授吉祥大威德灌顶和教诫时，连续七天七夜，霓虹布满空中，花雨缤纷。在一个月之内，有50名学生能够飞翔天空，有近88名学生得到乐明无瑕（བདེ་གསལ་མི་རྟོག）的功力。

一时，热译师换牙，牙上显现蓝色吽（ཧཱུྃ）字，后又出现天然红色叭（པྃ）字；尿和痰秽等物变成五种舍利，被人们纷纷抢去，作为信物供奉。商人们派人来迎请热译师，举行了盛大斋茶仪式，并贡献许多物品。在此期间，受到一切土地神的欢迎，大家有目共睹。向无数集会者大转法轮。得到诸如茶砖、马、鞍、绿松石等许多施供，这些东西全部用在建造代表身、口、意的塔庙，斋供僧伽和平息干戈等纯粹善业上面。忏悔罪过和决意行善者无数。

在此地授吉祥大威德灌顶期间，连续七天七夜，虹桥当空，花雨芬芳；许多盲人复明，聋子复聪，大家好生奇怪。热译师给他们授予教诫，他们都得到名副其实的成就。热译师又来到角若智（ཚག་རོ་འབྲི）附近，大量弘法，使此地众生脱离罪障，很多人愿意交出刀、弓箭（从此戒杀生）。给百余名学生授予吉祥大威德灌顶和教诫后，他们个个得到成就，身体显为光明幻化（འོད་གསལ་སྒྱུ་ལུས）状，昼夜遨游太空。

后来，热译师又到了囊、贡、巨（ནང་གོང་རྒྱུད）三个地方，受到此地人、神的款待。热译师因人而宜地授法。在路边，发现一个患有麻风病的男子死去，热译师施以往生夺舍（འཕོ་བ|招魂）法，死者头顶立即出现一个拇指大小的孔，从中放出一股白光，升向天空。在场的人深信不疑。与此同时，热译师亲眼目睹许多金刚菩萨的金颜，也看见自己死后往生妙喜世界（མངོན་དགའི་ཞིང་ཁམས）。

应帕周（ཕ་དྲུག）地方的邀请，热译师去给那里的人传法。在给近 200 名学生授予吉祥大威德灌顶及教法时，从开始至结束，空中音乐一直响个不停，悦耳动听；到处芳香宜人；对每个学生的加持也天随人愿，大家同时得到证悟和解脱。热译师大转法轮，播下解脱的种子。

到了拉堆的君巴直千（གཙང་པ་དྲིལ་ཆེན），将许多信民引入法门。这里发生大火，谁也无法扑灭。热译师只两手一拍，火立即熄灭。人们赞不绝口，纷纷皈依，所献的东西堆成了山。使近百名学生趋向成熟解脱之道。到了曲巴尔（ཆུ་དབར）地方，做善事无数。此地的五名空行女（ཤ་ཟའི་ཌཱ་ཀི་མ）与土地神纠集在一起，兴风作浪，热译师用自己的威慑力，降服治之。又到了拉堆的塞塔（སེ་ཐར）地方，见许多人纷纷聚在一起。热译师向人们打听：“那里有啥?”

“琅拉·项曲多杰（ལང་ལབ་བྱང་ཆུབ་རྡོ་རྗེ）在传法。”热译师上前谒见，并呈上礼物。琅拉·项曲多杰不仅不接礼物，而且背对着热译师默然不语。热译师不解地问："敢问怎么了?"琅拉说："你是位邪教堪布（མཁན་པོ།老师之意——译注），你把一个名叫巴若的外道作为上师，把一个形似饿鬼畜首的像，误当成本尊神供奉，这是欺骗众生!"云云。

而那些人却向热译师施礼尊敬，琅拉·项曲多杰大为不满，说："这些人只是信仰歹人!"热译师略有不悦地说："尽管我是歹人，我也这样做!"说着挥拳向岩石砸去，胳膊插入岩石内。琅拉·项曲多杰也从腰间解下金刚橛，向一座巨石砸去，劈为两半。热译师把太阳压在身下（ཉི་མ་སྣོད་ལ་མནན）。琅拉·项曲多杰在空中结跏趺坐。二人斗法不分胜负，便各自回家。热译师同弟子们一起返回尼南。琅拉·项曲多杰也在此居住。

一天，热译师外出散心，被琅拉·项曲多杰发现，便发起功来，降下金刚橛雷雨，把热译师的许多徒弟杀死。在热译师的头顶上，金刚橛大火熊熊燃烧，不管怎样遣除，也无济于事。心想这到底怎么了?正在这时，至尊救度母（རྗེ་བཙུན་སྒྲོལ་མ）飘然来到半空，全身像绿玉一样，美丽绝伦，各种宝贝挂满全身，周围有许多手持供品的神童和神女。只听救度母说：

"一般对于可怖魔幻，
尽凭遣术无济于事，
而以无性三摩地法，
除遣密宗并举为要。

另外还有实用八法，
现在仍未译成藏文，

重要教诫自有三种，
此法分支难以计数。

综上所述此时此刻，
应当重新寻找密法，
不久再去尼泊尔国，
请把这些译成藏文。

对你来说困难无妨，
虽说无害但似有难，
诸佛为了让你译经，
特别采取这种策略。”

说罢朝东方天空飞去，旋即不见踪影。热译师修炼起死回生的三摩地法，使此前死亡的那些弟子们重新复活；所有金刚橛销声匿迹。大家更加信念笃诚。但是，热译师想起了“应将一切教诫译成藏文”的授记，又为了防止“平民百姓口中，煞有介事胡传；军官多了坏事，阎罗苦于橛法。”的传言出现，考虑又去尼泊尔。

临行前，他把弟子们召集到跟前，说：“我准备又去上师驾前，恐怕一时半会回不来。在这期间，你们要记住以下我的心里话，悉心修炼，不得有误！”说着以道歌形式叮嘱：

“哎呀我的赤心弟子，
由于缘分聚在一起，

如想诚心弘扬妙法，
希望记住我的实话。

积善无数才得人身，
虚度光阴实为可惜，
如有理想请修圣法，
堕入恶趣悔恨已晚。

信仰成为诸法根本，
地道功德皆出于此，
不要光靠只言片语，
至心发起宏愿为要。

菩提心是大乘道基，
普爱众生大慈悲心，
万法本来清净道理，
二者同修是为教旨。

要知密乘金刚特点，
基道果[①]三位成一统，

① 基道果：大小乘的见、修、果三位。基位，指抉择正见；道位，指修习行持；果位，指现证菩提。

密不可分是加行法，
空明无执是圣瑜伽。

欲想此生驾虹而去，
希望平时钻研此法，
严格遵守三昧耶戒，
它便成为证果根基。

破坏戒言堕入恶趣，
永远忍受地狱苦难，
与其空泛无味修炼，
不如严守三昧耶戒。

清心寡欲掌握取舍，
想入非非无基无本，
不加约束好自为之，
人间万象惹人侧目。

绞尽脑汁终为错误，
著作等身词语汪洋，
但是重点尽在此歌，
实践此义终会成佛，

希望弟子发奋努力！”

热译师把所得到的供物兑换成金子，有近525两。他来到父母二人跟前，说：“父母二位大人安心在家吧！等我取到甚深教诫后便回来。”

第六章　尼泊尔二次取经

热译师会同自己的哥哥和尼泊尔译师一起前往尼泊尔，经过十天十夜的跋涉，到了尼泊尔的耶让地方。这时，亲眼看见尼泊尔的许多土地神前来迎接，二位同伴的幻觉中还以为暴风雪来临了。他们被以前的那位商人邀请到家中，举行了盛大斋供。为了报答商人，热译师给他授了灌顶和教诫，使他产生上佳证悟，临死时彩虹当空，尸体成为舍利（这是后话）。

他们来到尼玛当寺，谒过巴若上师，呈上 8 两金子作为见面礼，上师也非常高兴，说："你为解决法中疑难而来，这非常好。现在，给你授教诫，请准备会供！"热译师把自己与琅拉·项曲多杰斗法的事向上师说了一遍，上师说："我有《吉祥大威德四字诛遣法》（དཔལ་རྡོ་རྗེ་འཇིགས་བྱེད་ཀྱི་ཡི་གེ་བཞི་པའི་གསང་བསྒྲག），此法将佛教、苯教、咒师、外教的所有施咒、击打和排除术集于一体，任何瘟疫恶风都无可奈何。另外，还有许多诸如守、遣、诛、伏的教程，息、增、怀三位一体的羯磨集和实用八法，以及三妙术，这些教诫奥妙无穷，今天都给你。”

热译师用4两金子作为经费，备办了会供所需。先后聚集了近200名男女瑜伽师，随之举行了盛大会供。会供仪式结束后，首先授予文殊独勇灌顶（འཇམ་དཔལ་དཔའ་གཅིག་གི་དབང），其次授予男女合修法（ཡབ་ཡུམ་སྦྲགས་སྒྲུབ）、五神、众神等灌顶。授予妙音女灌顶加持后，又授了与之有关的修法、羯磨集、名号、本释、圆满次第。

此后，在上师跟前陆续学习了吉祥大威德独勇、三面六臂、一面四臂、一面二臂的加持，以此为引子，学习各自的修法、实用八法、六妙法、不可或缺的三妙术等若干胜妙教诫；学习和掌握了三面为主的羯磨集、三十二杵业集、息救八难术、增具六圆满术、怀成四愿术、伏离逐杀慑术、甚深四字诛遣法、二十一风轮夺命法等无数羯磨集。

那时，热译师亲眼目睹若干至尊文殊菩萨身显各种颜色而充满虚空；无数空行女向他递交了开启许多宝藏大门之钥匙。热译师只觉自己一口饮尽滔滔江水。深秋二十九日夜，师徒二人来到一片名叫拉玛多里（རམ་དོ་ལི）的大尸林，剖开一个尸体内脏，放上威力巨大的朵玛（གཏོར་མ）食子，点起硕大的人油灯。

热译师从上师处广泛学习十三阎罗女、红爪（དམར་པོ་མ་ཏུ་རྩེ）四众法、血色三男女媾合、大黑护法众、单独大黑护法、神女臣僚、帝释等护法神的命符和加持力。

这时，电闪雷鸣，降下硕大冰雹。那些护法神穿过乌黑的云层，显出各自的身躯，向热译师顶礼绕匝，决心做奴仆或朋友。上师又授予单独阎罗修法、兄妹修法、众人修法、修塔诀法、男女屠轮、大黑护法、神女和帝释等之近修业，以及相关重要环节，使热译师成为驾驭一切猛咒之主宰。

此后，热译师先后拜见以前曾有过法缘的庞唐巴（ཕམ་མཐིང་པ）、哈都嘎保（ཧ་ཏུ་དཀར་པོ）和印度执金刚（རྒྱ་དཀར་ཕྱག་ན）等上师，分别向他们呈送金子，使他们高兴。热译师认真勘校教诫，并说："为了佛法，就需要这样刻苦。"上师们听了很高兴。热译师在阿苏拉（ཨ་སུ་ར）岩洞内闭关自修之时，经常看见五佛及其随众、贴身八佛子显出身子；耳闻神们擂鼓之声音；花雨缤纷。

下弦日，智慧持护法众来到热译师跟前，顶礼绕匝，答应为其充当护法神。热译师征服了尼泊尔的顽龙、马面夜叉等，使它们受居士戒。应尼泊尔国王、班智达和哈都（ཧ་ཏུ）们邀请，热译师来到宾陀山（རི་བོ་འཕིགས་ཅེད）顶。这里聚集了很多人，在给他们讲菩提心时，祥光充满山麓，一切瘟疫灭迹，热译师亲眼看见大慈大悲四面观音前来道贺，说："善哉！"

在龙树菩萨的禅洞中闭关时，看见了他显灵的尊颜，从而彻底领悟了缘起性空之所有意义。在"以身饲虎"所在地献供时，看见一切佛国桑烟缭绕，如茫茫云海。又于列雪（ལེ་ཤོད）岩洞举行会供时，莲花生大师率领庞大随从前来游历，耳边响起莲花生大师以前说过的"驾驭万物之事业成功矣！"之声音。平时，在夏绒卡霄（ཞ་རུང་ཁ་ཤོར）和圣项贡寺传经，前后次数达数十万（原文如此）。（因极度劳累）开始从身上流出脓血，后来全身皮肉都掉光了，几乎剩下一具干巴巴的骷髅。就在这时，只见自己变为一团光升向天空。

在给圣项贡寺大雄宝殿献供时，所用过的水芳香四溢；从大雄宝殿的佛像胸口冒出一束白光，从中传出六字真言的自然诵经声，随后遁入热译师心间，在场的人都看得清楚。

之后，又到郭达布拉（ཀོ་ཏ་བི་ར）、察巴察雪（ཚ་བ་ཚ་ཤོད）、大涅槃（མྱང་འདས་ཆེན）、贤达布日（ཤཱནྟ་པུ་རི）和塘布哈拉（ཐང་ཧྲི་ཏ་ར）献供，此地所有僧伽趋前膜拜，热译师利用吉祥大威德教诫，使近 5 000 名学生走向成熟解脱之路。每授一次灌顶，都要得到诸如金、银、绿松石、绸缎、毛呢、布匹、药物等许多供品，把它们换成金子，用来献供此地佛教胜迹，用来满足比丘们经常不断地持诵佛法之所需；塑造无数土食子（ཚ་ཚ）、佛像；修建布施房屋，向很多乞丐施以衣食；向患者施以无数药品。热译师为了这样每年不断进行，热译师为公共事业投入 100 两金子，作为公积基金；还调解了国与国之间的所有纷争。

热译师来到巴若上师跟前，上师说："现在看来你比我能耐大，所做的众生事业也比我多，这很好！"热译师召集了 200 名哈都，连续举行了七次好会供。用 500 两金子做成曼陀罗，献给上师，说："现在请允许我返回藏地。"上师说："我除了知道吉祥大威德和金刚亥母两个法外，其余一概不知，不会给藏地带来多大利益。你还是到印度去，聘请一位资深班智达，他是你所学习的依处。你将在那里圆满接受比丘戒，自己的事业会成功的。"

热译师兄弟二人准备动身时，尼泊尔译师说："资深班智达在这里也有，去印度的路非常险峻。"进行劝阻。热译师却用道歌答之：

"皈依之处耶让人啊，

他是鄙人顶头华严，
六道众生轮回不已，
敬请指明解脱道路！

得到难得暇满人身，
脱离难解世事尘缘，
掌握所有难懂文化，
现在再无此等困难。

到达难行尼泊尔国，
拜见难遇如佛上师，
布施难舍金银财宝，
现在再无此等困难。

得到难得甚深教诫，
修成难修奇幻成就，
证修难悟深奥道理，
现在再无此等困难。

抛弃难舍自己私事，
结识难觅五妙朋友，
亲睹难见本尊天颜，

现在再无此等困难。

解开难解二执绳结，
征服难驯我执邪魔，
得到难觅佛陀三身，
现在再无此等困难。

师生难遇如今云集，
遣除难遣别人咒力，
使役难调护法神众，
现在再无此等困难。”

尼泊尔译师说：“话虽这么说，但印度盗贼猖獗，炎热难当。”热译师又用道歌回答：

“要问我的前生何状，
前生投在印度地方。
现在心思已往印度，
路虽难行但也无妨。

我已修成神行功夫，
路途虽遥但也无妨。
我已成为道高瑜伽，
虽有盗贼但也无妨。

我是知晓平等瑜伽，
瘟疫虽多但也无妨。
我是洞悉平性瑜伽，
魔障虽历但也无妨。
依照师旨定去印度，
我的愿望必然实现！”

第七章　印度取经

热译师的一席话，使尼泊尔译师非常感动。热译师兄弟二人与许多商人结伴，一同前往印度。当来到恒河边时，就遇到了西尔项（ཤེར་ཤིང）地方的500贼寇，眼看就要洗劫热译师和商人们，热译师迅速入定吉祥大威德法之三摩地，怒视匪群，威结期克印，但见一个个贼人被定住，纷纷倒地，奄奄一息。他们请求宽恕，才转危为安，大家惊恐不已，发誓今后不再杀生，诵念六字真言，不劫掠客商。

匪首追随热译师学法，给他授予灌顶和教诫，收为弟子，不久成为一个大成就者，后来去了邬坚（ཨྱན古印度因陀罗菩提王国名——译注），取名西日那塔（ཤྲཱི་རི་ནཱ་ཐ）。商人们见此情景，肃然起敬，顶礼绕匝，献供许多财物，并决心忏悔罪过，弃恶归善。

他们渡过恒河，来到那噶拉（ན་ག་ར）州，瞻仰五蕴塔、阿难塔等，向二塔分别磕头10万次。这时，仙境鼓乐齐鸣，天女散花。阿难尊者显出真身，加持他们。之后，他们来到广严城（ཡངས་པ་ཅན），向猴湖边（སྤྲེའུ་རྫིང་གི་

འགྲམ）上的华厦宝殿、若干神奇修行处做了献供。

这里还有很多诸如沐浴恒河之门和外道道场，师徒大众前去观赏，被外道们看见，说：“这是个信佛者，应该杀死！”说着前来挑衅，包围了他们。热译师显出吉祥大威德伟岸之身躯，以八笑法高声大笑，声若雷霆，当即摧毁神庙等建筑，所有外道昏厥倒地。待苏醒后，发现庙宇等变为灰烬，不禁害怕起来，纷纷请求宽恕，皈依佛门。

摩揭陀（མགྷ་དྷ）地域辽阔，其形状像锦缎搭成的帷帐，周围林海莽莽，其中有旃檀、沉香、木香。孔雀、鹦鹉、迦陵频迦等许多可爱的鸟雀在林间欢快地跳跃着，并且发出委婉动听的叫声。湖泊、河流和泉水纵横交错，鹅、鸭等很多水禽嬉戏其间。到处充满芳香，令人陶醉。细嫩而泛黄的草甸子覆盖着大地，它们没过腰际，各色花朵竞相开放，点缀其间。各种动物悠闲自在地吃着草。

国王的宫殿就坐落在其中，雄伟壮观。许多建筑用水晶、羊脂玉、旃檀建成，屋顶是用金银镶饰的，数量超过80座，显得富丽堂皇。城市宏大而秀美，环绕方圆，居民数以百万，家家户户富裕安乐，人寿年丰，人们熙来攘往。一片片吉祥的果林赏心悦目，果实累累。在这个园林内，人们身着盛装，享受着美味佳肴，供人们游乐的乘骑、轿辇、乐器等一应俱全。人们尽情地享用着人间的荣华富贵，那财富和幸福简直跟天上的神媲美。马、大象、水牛、驴、黄牛等成群结队，悠然自得。寺院不计其数，其中有数不清的代表三宝的身、口、意塑像。这里的人们心地秉直，多情善感。

热译师一行来到这里后，每碰到一个人就问：“哪个班智达学问最深？”人们回答：“在那烂陀寺有个名叫玛哈·嘎日那嘎的班智达（མཧཱ་ཀཱ་ར་ཎི་ཀ），他才识精湛、德行谨严、心地善良。”于是他们来到那烂陀寺，只见寺内有7座神殿，14座大殿，2座护法殿，1 000只屋脊宝瓶，108片金顶。班智达和大成就者们的禅房，悟道正果的胜迹足有10万处，星星点点，到处都是，吉祥惬意。500名班智达的僧舍巧夺天工。热译师首先要求一个年轻班智达代为引见，拜访了谙熟佛法宗旨的大班智达、大慈悲者门札朗巴（མིན་ཛ་སྒྲིང་པ），把一两金子作为见面礼呈上，请求授予比丘戒。大班智达说：“可以。”甚为高兴。

孟春（藏历正月十五日）上午，在那烂陀寺聚集了84位大成就者，由班智达门札朗巴作为亲教师（མཁན་པོ），由梅智哇教主（མངའ་བདག་མེ་ཏྲི་པ）任规范师，给热译师一并授予沙弥戒和比丘戒，取名室利·班札格德（ཤྲཱི་བཛ་ཀཱིརྟི），亦即吉祥金刚称（དཔལ་རྡོ་རྗེ་གྲགས་པ）。

此时，地震三次，所有音乐不奏自响，花雨似雪片飘飞；国王、班智达、瑜伽师、施主都惊呼：“玛哈格日知识帕拉帕拉（这个上师博学多才）。”遂敬重不已。亲教师也称“甚善”。

热译师在亲教师处学习了《因明七论》(ཚད་མ་སྡེ་བདུན)、《慈氏五论》(བྱམས་པའི་ཆོས་ལྔ)、《庄严经论》(མདོ་སྡེ)、《俱舍论》(མཛོད་པ)等许多理论；在阿阇黎贤德巴（སློབ་དཔོན་པུཎྜི་པ）处学习了《四部毗奈耶》(འདུལ་བ་ལུང་སྡེ་བཞི)、《律杂事》(ལུང་ཕྲན་ཚེགས)、《律上分》(གཞུང་བླ་མ)等所有律经；在大小明布谷（རིག་པའི་ཁུ་བྱུག་ཆེ་ཆུང）处学习了许多中观方面的知识。所有东西只学一次便心领神会，故名智慧无敌（ཤེས་རབ་ཟླ་མེད）。

热译师又来到金刚座所在地，这里有菩提树王，曾经有1 002名佛陀莅临，是任何劫数都不能摧毁的。在这方圆几十里，大地如水晶白净、如手掌平坦，各种供品装点其间；没有沙砾，一尘不染；到处都有各种各样的果林，其间生长着千差万别的药草；秀水纵横，淙淙流淌；绿洲无际，鲜花吐艳，馥郁芳菲；各种珍禽异兽悠然自得，嬉戏玩耍。

一到此地，令人心旷神怡，神清志爽，乐明无瑕的感悟油然而生。在中央地带，有一棵类似化石的菩提树，枝茂叶繁，花朵竞妍，躯干粗大，高耸入云，树梢如盖，遮蔽远方，秋不蔫，冬不干，而从每个枝叶和花朵中放出团团光芒。

离此不远，有一座由一名叫萨白赞札（ས་རྡེ་ཙཀྲ）的婆罗门人修建的庙宇，它的外面是塔，里面是神殿。神殿的主体是用一种名叫郭尔赫哈（གོར་ཤི་ཁ）旃檀木建成的，土方是从各个名胜地运来的，天工布乎噶玛（བི་ཤྭ་ཀརྨ）塑造了菩萨摩诃萨像，庄严美丽，百看不厌，身段相当于释迦牟尼佛 30 岁模样。还有难以计数的身、口、意灵迹，具有巨大的加持力。

东北角的第一间是五度母（སྒྲོལ་མ་ལྔ་ལྡན）殿，面朝东，后来尼玛白巴（ཉི་མ་སྦས་པ）在殿西搭建茅棚，进行修炼，故殿门又朝西，经常听到佛语自言。

在西南角，有一座罗盖乎拉（ལོ་ཀེ་ཤྭར）殿，内有向旃陀罗图弥（ཙནྡྲ་གོ་མི）讲法的九众观音。据传，旃陀罗图弥想布施，但无资具。这时，救度母发话，把自己的头饰和手镯等赐之，以资布施，而自己却没了首饰。这里就有这么一尊具有加持力的塑像。在西北角，有一座文殊殿，内有用石头砌成的无量光和文殊庄严刹土。还有阿阇黎寂天（ཞི་བ་ལྷ）用来消除麻风病而颇具威力的青稞丸（ཕྱག་ནས་མ）。

在东南角，有一座由阿阇黎桑杰益喜（སངས་རྒྱས་ཡེ་ཤེས）修建的胜乐金刚殿，形如坛城，妙趣横生。另外，有一座由阿摩嘎·班札尔（ཨ་མོ་ག་བཛྲ）开光的吉祥大威德殿，它曾经驱逐都日迦（ཏུ་རུ་ཀ）军队，幻变离奇。还有莲花生大师在征服外道时，修炼金刚橛的地点等许多奇异的修禅处。

周围是城墙，门旁有吉祥智慧怙主——四臂护法殿，塑像是自然石，法力非常厉害，变幻无穷。在一个四方形磐石上面，有释迦牟尼佛的脚印，像巨人的脚印——足有尺余，脚掌的纹路非常清晰，像揉进泥里一般。类似磐石、岩丘等很多。形形色色的神像、文字、法器数量众多，且不裸露，像镜中之影那样鲜亮。印度人素具虔信，人们从很远的地方赶来为之献供，络驿不绝；他们在牛奶内加以良药，涂在菩提树上，使其保持湿润。从黄昏一直到天亮，聚集很多朝觐者绕匝膜拜。

人们从四面八方以各自的习俗进行磕头、献供，高声祈祷，异彩纷呈。夏季降雨时，人们饮用从菩提树叶上流下来的露珠，饮用从神殿和塔庙上流下来的圣水，并用此洗礼。班智达、男女瑜伽师们以各自的本尊瑜伽进行各种烧施、会供等。

热译师兄弟二人用了三两黄金作为资本，向菩提树大献供品。天空响起美妙仙乐，霓虹如织，祥光普照。这时，热译师亲见菩提树上面贤劫千佛围绕着释迦牟尼佛，从其头顶放出光芒，隐入他的体内，产生齐天开悟。在向菩萨摩诃萨献供时，发现从绿色虹帐中许多法身佛和化身佛向他加持。

在向文殊殿献供时，发现从文殊菩萨口中出现阿字（ཨ），钻入他的口中，证明他已经得到八万四千法门的授记。在向观音殿献供和祈祷时，发现观音菩萨把珊瑚色的铁钩与绳子赐予他，认为自己已经成就灌顶羯磨。向度母殿献供时，发现三众度母身着光辉灿烂的金刚铠甲，知道自己以后将战胜任何阻力。向胜乐金刚殿献供时，发现金刚菩萨和胜乐金刚向他加持，许多空行女向他献供。在吉祥大威德殿闭关静修时，发现自己的身体现为智慧身，有的智慧身隐入他的躯体，有的隐没于自己。

在观瞻金刚橛殿时，不时发现莲花生大师和三界怙主的身影。在向释迦牟尼佛的足迹献酥油灯时，连续七天七夜不灭。在观览由龙树菩萨建造的金刚圈时，很多仙子仙女为他服侍。在此逗留期间，四臂护法众为了考验他，运用法力变出魔幻而来，热译师变成吉祥大威德，把它踩在脚下，魔幻顿时消失，并发誓言听计从。尤其制服了印度的许多土地神，使其附首贴耳，随便役使。

此后，热译师来到波罗奈斯（ཝ་ར་ཎ་སི）城，广做菩萨行。国王听到这事后，说："藏人做不了菩萨行。"放开大象和猛虎前来袭击。热译师和颜悦色直视前方，大象和猛虎便跪拜于他的脚前，并反复绕匝。众皆惊诧不已。国王也请求宽恕。

热译师得到成就的声誉日隆，印度东西方向的许多班智达和瑜伽师纷至沓来，恳请授法。热译师授了很多显密方面的法旨，特别授了吉祥大威德教诫后，得到成就者无数，驾虹而逝者也有近40名。给普通人也指明了解脱之路。国王举行盛大斋供，希望永远供养他，但未予答应。不过，他给国王施以变金术和炼金丹术，使国王寿命长久，疆域辽阔。

他把所得到的供品换成金子，用来斋供此地僧伽，布施乞丐，使之成为习惯；建造了许多土食子和代表身、口、意的塔寺。国王建了一座神庙，邀请他前去开光。开光之际，庙内的塑像摇晃跳跃，奇兆不断。

至今也有“藏人佐格庙”（བོད་ཀྱི་ཛོ་གིའི་ལྷ་ཁང）的传说，大为信仰。

热译师又来到波罗奈斯的鹿野园（དྲང་སྲོང་ལྷུང་བ་རི་དྭགས་ཀྱི་ནགས），树仙女给他端来甘露。这里有以释迦牟尼佛为首的千佛法座，献供之后，从法座中声光大作。

之后，又返回金刚座，向所有班智达发放金子斋供，向一切塔庙贡献上好供品；修葺旧寺，新建寺院数座。班智达们异口同声地说：“善哉！”金刚座的国王也垂青备至，所赐御品无数。

随后，又到了吉祥山（དཔལ་གྱི་རི）、狮子国（སིཾ་ལ斯里兰卡——译注）、孟加拉（བངྒ་ལ）等地方，先后拜访了文殊友（འཇམ་དཔལ་བཤེས་གཉེན）、比马拉米札（བི་མ་ལ་མི་ཏྲ）、萨乐和（ས་ར་ཧ）、夏哇日巴（ཤ་བ་རི་པ）和鲁欧巴（ལུ་ཨི་པ）等许多资深大成就者，向他们学习了很多法。

在玛尔札布（མར་ཛ་བུ）山，用驳论和幻化制服了许多外道，地母众皆信服敬仰。又来到大班智达门札朗巴跟前，门札朗巴说：“我准备到尼泊尔的门札州去，你在这里住，还是跟我一同去？”热译师说：“愿意同往。”

二人来到此地，在门札州共住了6年6个月。在这期间，他向班智达学习了《胜乐本续》（བདེ་མཆོག་རྩ་རྒྱུད）、《释续三种》（བཤད་རྒྱུད་འབྱུང་བ་རྣམ་གསུམ）、《空行女现行》（མཁའ་འགྲོ་མ་ཀུན་སྤྱོད）、《辞藻殊胜》（མངོན་བརྗོད་བླ་མ）、《金刚空行》（རྡོ་རྗེ་མཁའ་འགྲོ）、《桑布支》（སཾ་བུ་ཊི）、《喜金刚本续》（དགྱེས་རྡོར་རྩ་རྒྱུད）、《喜金刚续第二品》（བརྟག་གཉིས）、《释续金刚帐》（བཤད་རྒྱུད་རྡོ་རྗེ་གུར）、《吉祥金刚四座本续》（དཔལ་རྡོ་རྗེ་གདན་བཞིའི་རྩ་རྒྱུད）、《其后续》（དེའི་རྒྱུད་ཕྱི་མ）、《密集本续》（གསང་འདུས་རྩ་རྒྱུད）、《释续金刚鬘》（བཤད་རྒྱུད་རྡོ་རྗེའི་ཕྲེང་བ）、《密意授记》（དགོངས་པ་ལུང་སྟོན）、《智慧金刚集论》（ཡེ་ཤེས་རྡོ་རྗེ་ཀུན་ལས་བཏུས་པ）、《四仙女问》（ལྷ་མོ་བཞིས་ཞུས་པ）、《大威德五尊及十

三众》(གཤིན་རྗེ་གཤེད་དམར་པོ་ལྷ་ལྔ་དང་བཅུ་གསུམ་མ)、《度母显相》(སྒྲོལ་མ་མངོན་བྱུང)、《大慈大悲观音》(ཐུགས་རྗེ་ཆེན་པོ)、《巴尔布》(པར་བུ)、《小护法》(མགོན་ཆུང)，还有与这些有关的灌顶旨意，以及各阿阇黎所作的多种成就法。

这时，热译师亲见无数药师佛界和极乐世界，三摩地之数门顿开。之后，向班智达献了 300 两酬金，说：“现在请上师到我们藏地去弘法。”班智达说：“看来我对藏地是有益的，但眼下时机尚未成熟，不便去。”说罢复又返回印度腹地。

第八章 途经尼泊尔

热译师返回耶让，受到以前认识的僧伽们的热烈欢迎。印度与尼泊尔交界的天神一边迎送，一边服侍。热译师来到巴若上师住处，呈供金子，先后举办了跟以前一样的会供九次，向此地僧侣们发放了金子布施。巴若上师说：

“哎呀具有福分男儿，
你是禅修密宗行者，
千里迢迢道路难行，
风尘仆仆可曾劳顿？

金刚座等名胜古迹，
可曾听闻可曾瞻仰？
精通文化的班智达，
可曾谒见可曾领教？

佛教的根本是戒律，
比丘之戒是否得到？
除此而外按己所愿，
可否得到一些教诫？

是否邀他莅临藏地，
班智达他尊意如何？
以前未得明显证悟，
现在是否大彻大悟？

你的信徒人数众多，
可曾为之成熟解脱？
旁门左道异教帮会，
他们可曾设置障碍？”

热译师用道歌回答：

“藏地小僧我多杰札，
依靠巴若上师恩典，
对于甚深金刚威德，
勤学苦练悉心钻研。

洞见奥妙道理不凡，
亲睹本尊华贵天颜，

一切现象皆成空明，
仰天一观万事便成。

因此我想除此而外，
没有比这更高证悟，
但后知道佛教圣地，
故遵师言前往印度。

当我来到恒河边时，
遭遇五百劫匪挡道，
只瞥一眼定住匪众，
要说奇怪这才算奇。

当我来到广严城时，
许多外道竟欲害我，
大吼一声众皆昏倒，
要说奇怪这才算奇。

当我来到金刚座时，
四臂护法兴妖作怪，
踩在脚下驯为奴仆，
要说奇怪这才算奇。

来到波罗奈斯城时，
国王放出猛虎大象，
只扫一眼驯服二怪，
要说奇怪这才算奇。

我到玛尔札布山时，
据理驳倒许多外道，
地母欢喜前来膜拜，
要说奇怪这才算奇。

在金刚座与广严城，
以及波罗奈斯等地，
都有特殊名胜古迹，
对之作了宏大施愿，
出现许多祥瑞征兆，
本尊神也加持于我。

尤其住在那烂陀寺，
从师门札朗巴大德，
依之受了近事男戒，
学到许多显密论理。

在此居住六年六月，
期间一直服侍大师，
从现在起六年过后，
大师允诺会来藏地。

印度东西禅师密布，
使之趋向成熟解脱，
摩揭陀地国王臣民，
均被导入光明佛道。

现在本人心满意足，
小僧准备返回藏地，
在这即将动身之际，
乞请上师神意垂青！”

上师非常高兴，说：“你办成了大事，很好！”于是，热译师为所有曾结法缘的上师、挚友、金刚兄弟举行了答谢斋宴，向一切有名的塔庙献了供品。

第九章 与琅拉斗法

热译师在返回藏地途中，所到之处，都受到隆重欢迎，众人磕头绕匝，盛情斋供，规模空前。热译师为他们创造了解脱的玄机。

那时，热译师在藏地的学子们还不知道他已经启程回国，心情不安，想热译师一行已经去了7年4个月，仍不见回来，莫非遇到了什么磨难？也许正在为印度与尼泊尔的胜迹献供呢？夫人（热译师之明妃——译注）说：“热译师已经抵达尼泊尔与藏地交界。”打发约10名学生前去探听消息。

学生们来到尼泊尔与藏地接壤处。这里有一座雪山，蓝光闪烁，师徒们就会面于此山脚下。热译师亲见长寿五仙女（ཚེ་རིང་མཆེད་ལྔ）和永宁地母十二尊（བརྟན་མ་བཅུ་གཉིས）等土地神前来迎接。又见天空虹光烂漫，有的形似土地神，有的形似骑马、骑狮、骑龙，气象万千。

师徒们一同返回，由于热译师所具有的加持力与威慑力，拉堆地方的人们都进行招待。一路上，要求出家、受比丘戒、受灌顶、受教诫的人很多。到了尼南后，受到当地所有人神的欢迎。因热译师先后两次游学尼泊尔，掌握了许多独一无二的深奥之极的耳传[①]，名声大振，四方皆晓。无数学生、施主接踵而至，觐见膜拜。

善男信女们举行了盛大答谢会供，其中有一位名叫热·南喀本（ར་ནམ་མཁའ་འབུམ）的人说：“我们的神圣热译师，您多年驻锡尼泊尔，不辞劳苦，在班智达和得道高僧处学到了哪些奇妙教诫?”热译师说：“总的说来，我向许多印度与尼泊尔的班智达和高僧大德听受多部佛法。值得一提的是，向至尊巴若上师学习了如此神奇的教诫。”（且听我慢慢道来）用道歌作答：

“热姓小僧我多杰札，
曾经两次游学尼国，
庞塘巴与金刚持等，
结识上师法缘很多。

尤其住在那烂陀时，
门札朗巴授比丘戒，
同时谒见从前先师，
学习显密律藏等法。

在这中间一花独秀，
当属尊师巴若大德，

① 耳传：历代上师辗转附耳亲传的秘诀。

依靠他的无比恩泽，
得到吉祥威德教诫。

要说此道甚深特点，
一经事佛万事如意，
虔诚信仰的徒弟们，
记住此语当成大事。

如果不对语言加持，
即使诵咒也是白搭，
自有阿里嘎里教言，
不要怀疑密咒不灵。

阎罗头子凶顽暴戾，
一旦他的使者来到，
自有骷髅达拉教言，
现在无需害怕死神。

龙魔恶煞凶顽暴戾，
一旦它们前来挑衅，
自有颅骨封口教言，
本人不怕龙魔部众。

晚间夜叉凶顽暴戾，
一旦它们前来哄骗，
自有甘露明点护符，
毫无疑问夜叉无奈。

厌胜诅咒凶顽暴戾，
一旦对方加害放咒，
自有霹雳遣咒教言，
现在不怕诅咒之众。

遍入天神凶顽暴戾，
一旦降下凶曜阵势，
自有乌龟封口教言，
无需害怕遍入天部。

白哈大神凶顽暴戾，
一旦发怒带来灾难，
自有三绳合股教言，
毫无疑问白哈无奈。

执持疑虑凶顽暴戾，
一旦疑虑阻挠自己，

自有沉没三法教言，
现在不怕疑虑魔障。

另外还有实用六法，
还有重要教言四种，
还有奇妙珍贵三法，
还有神通二十八种，
还有诛遣法术四字，
深邃教言难计其数。

因为从师高僧大德，
不要怀疑教言无力，
是否深奥实践便知，
此歌作为本人厚礼。”

众人听了，肃然起敬。热译师的福分与日俱增，从康藏前来皈依的学生很多，所献礼品多不胜数。热译师在尼南岭地修建了降魔寺经堂。仅在一个月内，要求出家、受比丘戒者逾千人。依靠甚深吉祥大威德之教诫，得到成就者无数。

这时，琅拉师徒们开始局促不安，琅拉说：“本来热译师与我不分上下，如今他却福分大增，这不好。如不迅速把他除掉，恐怕对我们实行报复（是为心腹之患）。”遂放起恶咒。热译师也针锋相对。

黎明时分，半空出现一尊年轻金刚像，其身缀满各种饰物，周围簇拥着十怒神、铁炉、门神、金刚橛符等，浑身燃烧着熊熊大火，冲着热译师头顶砸来。热译师迅速变化成吉祥大威德身，用九张嘴将他们吸入口内，到达心间后，被熔化为菩提心，又从生殖器排出，变成阎罗苟拉牙（ཀྲི་ལ་ཡ）的喽罗，成为自己的朋友。复将此物甩向魔鬼俑像，使之左右摇晃，并从嘴巴和肚脐中流出血来，视为祥兆。

不久，琅拉罹患毒痢，临近去世，留下遗言："莲花生大师早有言教，对于修禅密宗的瑜伽师，不可贸然欺辱。如果胆敢犯上作乱，顷刻间就会被密咒所诛。这就是咒师们普遍遵循的三昧耶。我曾经投靠尼姑措嘉（ཇོ་མོ་མཚོ་རྒྱལ）的亲传弟子阿杂尔萨列（ཨ་ཙར་ས་ལེ），对密宗金刚橛法十分谙熟，能镇伏人、鬼、神。直到今天，还没有哪位大学者或哪位大成就者敢与我斗法，如今我对热译师的法力奈何不得，行将死去。你们与谁较量都可以，但不要与热译师较量；与谁比赛咒力都可以，但不要与大威德堪布比赛；无论本事再大，千万不要轻蔑别人。"说罢溘然而逝。

接着，琅拉的一些有名弟子也连遭恶运，相继离世。仅在一个月内，热译师连续度脱琅拉师徒逾百名，把他们送往第一文殊佛国。

这时，不管新密还是旧密的一些大善知识（大学者）都异口同声地说："热译师能度脱像琅拉这样的得道高人，毫无疑问，一切佛陀都把他立为威力之主，换了别人，何以如此能为？"因此，法力广大的声誉遍布四周。老百姓说："月亮明在上弦时，父母聚在前半生；金刚橛力只一次，译师就是密咒廪。"对一些山沟也起名为热贡（ར་སྒང上热地）、普尔都（ཕུར་བརྡུགས橛法失灵）、庞垅（བམ་ལུང败沟）。

第十章　猛厉火消雪

之后，热译师应邀到尼南、智氏家族、纳毛切（ནམོ་ཆེ）等地大转法轮。向他要求忏悔者、出家、受比丘戒者很多。一次，大雨瓢泼，江河猛涨，危及许多农田和村庄。热译师向土地神制作了朵玛食子，抛于水中，水流改变方向，至今平安无事。他向一座庙宇抛撒了一把青稞，青稞在半空中停留了许多昼夜。

热译师在向许多咒师、沙弥、男女瑜伽师授予吉祥大威德灌顶和教诫时，彩虹之光射向坛城，宝贝遍地，莲花绽放，众皆惊诧不已。所有参加听法的人都亲眼目睹了吉祥大威德之尊颜，并证悟像一尘不染的碧空那样的真谛，个个得道。

后来，又应邀到定日贞（དིང་རི་སྒྲིན）、智参（འབྲི་མཚམས）、囊贡巨、帕周俊支（ཕ་དྲུག་གཅུང་དྲིལ）、塞塔（སེ་ཐར）等地，要求出家、受比丘戒、发菩提心者无数。通过灌顶和教授，得到成就者比以往任何时候都多。

之后，又来到拉堆地方的琼噶（ཁྱུང་དཀར），前来朝见的人不计其数，其中有一位名叫喜饶炯的大师，他奉送万余青稞驮子，以建立法缘。发誓决不杀生者、乐善好施者无数。收到许多诸如金、绿松石、上品缎子、氆氇等，同时又得到良马80匹。这些物品全部用于修建塔庙，修复旧寺，新建寺院，向本地僧侣进行斋供，向穷人们布施。由喜饶炯充任领诵师，热译师向近20名学生授予吉祥大威德灌顶及教程时，宝瓶悬在空中。把法器（རྡོ་རྗེ་དྲིལ་བུ）挂于半空，自动发出声音等等，出现离奇怪诞之事。教程一结束，学生们纷纷要求教诲，热译师用道歌答道：

“在座智商高贵同学，
你们是否诚心信法？
如果确实虔诚归佛，
此话当记并要实践！

万法总归两个根本，
一是排除一切障碍，
二是保障有利条件，
欲知细节如下分解。

商利斗伐嗔恨等类，
都是法障应予摈弃，
慈悲善良清心寡欲，
是为法友应该备办。

如果人法不能融洽，
能说会道也是下流，
禅姿虽好但为表面，
不能横渡广阔海洋。

如果佛法对治烦恼，
尽管某人孤陋寡闻，
但是依然鹤立鸡群，
所谓禅师就应这样。

反复观修无常死亡，
百字曼荼一并祈祷，
这是集聚二资粮道[①]，
资粮大道就应如此。

人体具备毗卢七法[②]，
善思生死涅槃大义，
这是通达实践宗旨，

① 资粮道：通向涅槃之本，积集顺解脱分善业所摄广大资粮；由闻及思通达无我总名总义；修四念住、四正断及四神足，以厌患断除引轮回苦粗分应断；证得天眼、神通及法续定所有功德之道。

② 毗卢七法：佛教所传的一套静坐姿式，即两足跏趺，手结定印，脊椎正直，颈部微俯，肩臂后张，眼视鼻尖，舌尖抵腭。

加行之道[1]就应如此。

掌握分寸观瞻堪布，
随时随地钻研法旨，
这是洞悉法性真谛，
光明前途就应如此。

解脱要点是生圆道[2]，
结伴菩提之心修炼，
这是禅念无生利益，
修行之道就应如此。

这样进行实践之后，
生死涅槃二者手臂，
抓住无生本性首都，
除此而外别无学处，
无学之道[3]就应如此。

---

① 加行道：五道之一。往趋解脱历程之证得顺抉择分善根者，行谛现观，以修所生慧观境无自性，修五根五力制伏断除一切遍计所执应断，能证等持、总持、神通功德之道。

② 生圆道：是生起次第和圆满次第的统称。生起次第，为求净治四生习气，解脱凡庸见、闻、觉知之束缚，现见本尊、真言、智慧本性而修习之瑜伽。圆满次第，于金刚身严守要诀，凭借有堪能性风、脉、明点，以四空现证光明，以四喜现证俱生慧的殊胜智。

③ 无学道：三乘各自应得究竟断证功德或已证得声闻、独觉和佛果者。

如是修炼的瑜伽师，
洞见生死涅槃之别，
觉明朗然灵光自知，
乐明姿态永不消失。

一切现象皆显神轮，
谬误错觉虹消云散，
自己之事大功告成，
他人之事无私办理。”

歌罢，以喜饶炯大师为首的学生们不由自主地回心转意，抛弃所有家什，一心修炼，杂念退失，只有智念，大彻大悟。

在杨噶（ཡང་དཀར）传法期间，亲见吉祥摧破威德（དཔལ་རྡོ་རྗེ་རྣམ་འཇོམས）和秽迹金刚（སྨེ་བརྩེགས）在宝瓶中洗礼的情景。在普琼（ཕུག་ཆུང），几个威力无比的护法神前来致敬，答应为其创办善业；15 名空行女以歌舞形式为其献供。这里，有位项巴噶（ཞང་པ་ག）的咒师，他来到热译师跟前，请求为一尊上乐金刚护法神像（གུར་དྲག）开光。热译师一经开光，神像放出光芒，左右摇晃。项巴噶大惊，问：“如此功德从何而来?”

“从教诫实践中而来。”

“这个教诫我也曾多次实践过，但没有达到这样的功效。”

“光实践是不够的，还需要教诫、传承、正规上师等的有机统一。”接着又唱起道歌来：

“释迦牟尼佛教末期，

信徒虽众但少修士，
此非妙法艰难之处？
这是不懂旨要所致。

现在如果信奉佛法，
记住以下关键秘诀，
上师本尊护法三者，
每个都要名符其实，
如果三者不同凡响，
不信加持力量不长。

教诫实践感受三者，
每个都要名符其实，
如果三者不同凡响，
不信修证道果不长。

虔诚相信精进三者，
每个都要名符其实，
如果三者不同凡响，
不信不会接纳为徒。

观点修炼行为三者，

每个都要名符其实，
如果三者不同凡响，
不信虹体风骨不成。

发心祈愿命运三者，
每个都要名符其实，
如果三者不同凡响，
不信众生事业不成。
以上五调确实需要，
是为关心所有信徒。”

项巴噶又问：“如果上述名不符实，将会产生什么后果?”热译师又用道歌答之：

“如果上师名不符实，
就像瞎子引导瞎子，
别人与己不分前后，
共同堕入恶趣深渊。

如果本尊名不符实，
就像国王落入民宅，
别说如何解救他人，
就连自己不知何往。

如果护法名不符实，
就像认贼作为朋友，
不但不能帮人解脱，
反而劫夺生命财富。

如果传承名不符实，
就像希望寄于彩虹，
虽然瞬间缤纷多彩，
归根到底一无所有。

如果教诫名不符实，
似把阳焰当作水源，
远看似水近看却无，
虽经苦修但无结果。

如果思想名不符实，
就像药毒混在一起，
妙法等于治病良药，
恶习之毒毁于一旦。

如果精进名不符实，
就像转动木制磨盘，

无论妙法还是世俗，
没有精进万事不成。

如果观点名不符实，
就像空中伸手乱抓，
即使观点与天同等，
漫无目标终不涅槃。

如果修炼名不符实，
就像医生误诊病情，
愚昧引入荒郊野外，
修禅之后复入桎梏。

如果行为名不符实，
就像疯子到处流浪，
恍惚不知关键时刻，
放荡浪漫毁坏佛教。

如果祈愿名不符实，
就像金子换回谷糠，
悟证菩提一切善根，
以后成为轮回因缘。

因此所有善男信女，

了解这些至为重要。”

说到这里，使项巴噶非常敬重，追随其后。热译师对其授予吉祥大威德灌顶和教诫，并关爱有加，使其大彻大悟，成为一名得道高僧，为民众做了不少善事。最后，他一边敲着蘘鼓，一边遨空仙逝。

之后，热译师莅临拉堆游览风景。一天，得知一个名叫智嘉（གྲགས་རྒྱལ）的官员被马摔死，亲人们围在尸体旁嚎啕大哭。热译师来到跟前，问："发生了什么事？"答："官人被马摔下，不幸身亡。"热译师随即入定起死回生的三摩地禅功，并进行了三次加持。第一次，尸体开始呼吸；第二次，尸体伤口痊愈；第三次，尸体恢复记忆，重新复活。

大家对此十分惊讶，所献礼物堆积如山，前来听法和朝拜者把山沟挤得水泄不通。那位名叫智嘉的官员，在噶玛塘（ཀརྨ་ཐང་）修建了一座高大的法台，邀请热译师就座。他先后进行了三次大的供养。第一次，供奉金子 108 两，松耳石 60 颗，绸缎一万匹；第二次，供奉茶 1 000 封，布驮、药驮、氆等数以万计；第三次，供奉以"风翅行空"为首的良马及鞍具 200 匹（件），犏牛 100 头，骡子 100 匹，羊 100 只。以此建立法缘。

热译师向聚集在此的广大民众说法后，发誓出家者、供养者、闭斋者、放生者、忏悔者、崇善者不计其数。许多渔夫和猎人也发誓摈弃前愆。这时，从半空中传来"善哉！"的声音，随即而来的是，彩虹飞架虚空，花雨缤纷，气象万千。法会结束后，智嘉官人抛却所有家产，妻子、儿女和侍从都皈依佛门。

热译师见其是个学佛人才，故授予深奥大威德教诫，官人得到大手印证悟，并出家为僧，起法名楚修·多吉元丹（འཁྲུལ་ཞིག་རྡོ་རྗེ་ཡོན་ཏན），后来培养学生近500名。临终之时，身体变成虹光而逝。其他人也法力不凡，个个成为大禅师，自成体系。

热译师被邀请到拉堆的卓隆（གྲོ་ལུང）地方去传法，那里的牧民们举行了盛大供养。热译师广发菩提心，将许多民众从邪恶中救出，而引入善道。此地野兽肆无忌惮，使人们日益恐怖，热译师对其发出法令，遂根绝隐患。

在夏若仓（ཞུ་རོག་ཚང）住了一夜，亲见所有遍知神群的尊颜；以梦境指引无数恶趣归善；一座岩石崩塌不止，手结期克印立即制止。

在返回朗地（སྣང་ཡུལ）的路上，天降大雪（堵住去路），热译师发猛厉火功法，天气顿然炎热起来，所到之处厚雪融化，好像春意盎然。

热译师回到家乡，以前的那些学生们闻讯前来磕头问安；家乡上中下的僧俗大众结队迎接，举行斋供。在朗地，热译师负责修建了一座伏魔庙，内部主要塑造释迦牟尼像，其背高32尺，用金、铜建成。同时，修造了八大弟子泥塑像，身高一人。又塑造了金刚手、马头明王像，作为门卫置于大门两侧。

由于向工匠付了足够的工钱，当塔像内藏完工之时，从里面升起彩虹，异兆迭现。

是年，庙宇内外充满幛幔幡幢和各种供物；得到无数身、口、意圣物，几乎装不下庙宇。热译师举行开光仪式之时，虹桥横空，花雨缤纷，时间长达半月之久。向塑像抛撒青稞，全部钻入像内。

在庆祝宴会上，无数善男信女从四面八方赶来，叩见热译师。虽然聚会者达 3 万之众，但打架斗殴、令人不快之事从未发生，大家对此惊诧不已。僧侣聚集了近 1 000 名，热译师给他们讲授了续部和经藏，使之成为制度。他决定每月给他们布施三驮薪俸，从内部布施 92 处灶位，经常向近 300 名闭门静修者提供斋饭。

热译师大部分时间驻锡于这个寺内，常转法轮，利用一切供物修葺旧寺，建立新寺。对阿里玉康巴以上的佛教和密宗寺院施以斋茶和物品。向名刹圣迹点燃酥油灯，每年向各教派的大小喇嘛施以九品供物。各地建立接迎殿，对行人不断施以盘缠。这样，提供了许多斋饭和财物。家乡所有地区，张贴封山令、封河令、封路令（是一种禳灾祈福的宗教形式，也是一种保护环境的方法——译注）使许多人畜脱离恐怖，恩泽深厚。如果有个别违令者，也立即吐血而亡，没有一个能逃脱的。

因此，家乡各地没有了瘟疫，没有了灾荒，没有了纷争；稼禾林木比以前繁茂；老百姓遵纪守法，个个安详快乐。这时，热译师的徒弟们已接近 800 人，个个对深似天空的佛旨洞悉无余，亲眼目睹吉祥大威德之尊颜，驾驭神通，卓有先知。

热译师 39 岁那年，一天夜里，在梦境光明一片中，妻子格玛嘉全身赤条条，一丝不挂，只挂六个骨饰，她一手敲着鼗鼓，一手摇着铃铛，款款而来，说："明天早晨我去邬金国（今巴基斯坦——译注），顺路来拜见上师。"

"有谁接迎？"

"有这……" 正说话间，无数身着骨饰的女子在空中走动，其中四名女子手牵舒长的丝绦，格玛嘉坐在上面，她被倏地举起，不久朝西方走去。

早晨醒来，热译师就说："今天，格玛嘉命休矣！"打发几个徒弟前去了解情况，但格玛嘉安然无恙。徒弟们认为上师在开玩笑。正在这时，格玛嘉高喊一声密宗"哌"（ཕཊ），只见从头顶升起一束白光，射向远方，随即去世。据说遗体火化时，只有光点和彩虹相映生辉，而没有骨灰。

是年夏天，热译师被邀请到策得戎（ཚེ་ཉི་རོང）地方传法，邀请者是一个名叫德吉宗（བདེ་སྐྱིད་འཛོམས）的女施主。此地人神呈献不数供物。说法之后，大家耳目一新，痛改前非，其中发誓不杀生和唪颂六字真言者无计其数。要求出家者和受比丘戒者近 500 人。抛却此生而追随其后的男女大禅师也有近 120 人，那位女施主也弃家学法。热译师对他们授予教诫，皆得到大成就。

那时，有一个名叫塞顿·索南沃色（སེ་སྟོན་བསོད་ནམས་འོད་ཟེར）的得道高僧，他掌握着狮面空行（མཁའ་འགྲོ་སེང་གདོང་མ）的教授，有降服一切魔鬼的本事，并有学生近 20 人。一日，他的这些学生前来拜见热译师，只见热译师一会儿变成一团烈火，一会儿变成一股水溪，一会儿变成密宗"唵阿吽"（ཨོཾ་ཨཱཿ ཧཱུྃ）三字分别显现白红蓝三色，一会儿变成神，一会儿变成法器，变化莫测，令人眼花缭乱。他们都大为惊奇，要求得到教诫。热译师授予灌顶，并亲自示范，他们都立即得到证悟。他们返回住处，向塞顿说："上师，您确实奇特，但热译师比您还具加持力，他使我们立即得到证悟。"听到这话，塞顿·索南沃色勃然大怒，说："他有什么资格对我的学生进行灌顶、说法？实不应该！”热译师听到这话，就打发一个徒儿到塞顿·索南沃色处说明情况，临走时交给二两金子和一封信。那信中说：

“鸿学大德塞顿宝师，
不要生气请听我言。
人们一般所说上师，
应该指明解脱道路。

人们一般所说圣法，
应该给人带来好处，
只要对那续部有益，
谁做好事都是一样，
心生嫉妒实属错谬。

上师您也不同凡响，
我也属于薄伽威德，
对我放咒难以奏效，
收下金子言归于好。

那个吉祥青年威德，
集中一切佛陀功业，
他也对我无可奈何，
小小咒术奈我怎的。

正确无误胜乐金刚，

反映一切佛陀意境，

如此威力不敌本人，

希望对我不要施咒。”

塞顿·索南沃色更加恼火，说：“这是他对我的最大藐视，三日之后必遭报应，等着瞧吧！”那个徒弟只好拿着金子返回（对热译师说明了情况）。热译师说：“好言相劝他不听，以后恐怕要吃亏的。”五天之后的一个晚上，在热译师的住处，果然出现了幻象。一切食人空行女露出可怖的身子，气势汹汹而来。热译师立即举起护轮（སྲུང་འཁོར），她们没有得逞，悻悻返回。

半夜时分，世俗空行女前来挑衅，热译师又举起护轮，她们落荒而逃。拂晓，狮面空行女被许多智慧空行女簇拥而来，展示幻化神通，令人望而生畏。热译师变成吉祥大威德，大吼一声“哌”，空行女们木然昏厥。待苏醒后，空行女们向热译师顶礼绕匝。天亮以后，热译师前去看望塞顿，塞顿已患肠梗阻，不治而亡。热译师因说：“空行女反而成了他的讨命阎王。”塞顿·索南沃色的徒弟们也加入了热译师的徒众行列。

后来，师徒们被邀请到拉堆的郭隆（ཀོ་ལུང）、栋（བྲེས）、狼沟（སྤྱང་ལུང）弘法，受到盛大斋供，得到优质供物。他们导化大众弃恶从善，整肃僧侣严守戒律；举行灌顶，现身说法，结果在郭隆村出现了大智大勇的男女学生 108 人，在栋村出现了 91 人，在狼沟出现了 121 人。在狼沟期间，经常发生狼伤害羊群之事，热译师对一条狼说：“你不要残害生命。过来！我教给你一个禅法。”那狼夹着尾巴，来到跟前，他用手抚摸着狼身，授予

“六道习处”（རིགས་དྲུག་གནས་སྦྱོང）禅法。据说，那狼果真长期修禅此法。之后，热译师不管走到哪里，那狼就跟到哪里，从不伤害人；师父修证时，它也模仿动作修炼。给许多家禽也授予禅法。

又被邀请到豁鼻岩（སྣ་བོ་ཤོ་བྲག）地方传法，受到此地一切人神的斋供。他使 200 名惹人可爱的小孩同一天出家；导化大众步入善道；基础不一的学生有近 300 人，给他们授予教诫后，无论修定当中或出定以后，产生妙灵正觉。在这些地方，不断出现了彩虹和花雨，祥兆诱人。

在驻锡位于湖上游的印度期间，先后亲眼目睹狮子吼和忿怒明王的面容；镇服许多鬼神。又陆续到智隆（བྲག་ལུང）、扎麻隆（བྲམ་ལུང）、纳毛隆（ན་མོ་ལུང）等地，受到当地豪门显贵的礼遇，供物比以前任何时候都多。发誓不杀生者、唪颂六字真言者、乐善好施者无数；出家者、受比丘戒者也大有人在。

在智隆，给 300 余名学生进行灌顶和现身说法时，突然发出一声惊雷般的巨响，紧接着热译师身体裂为两半，从中蹦出许多佛像和文字，扶摇直上，在空中化为雨水，缓缓流动。如此幻化神变，好像普照庄严消除执实——魔幻似的三摩地。两节残身重又复原，然后大步流星走去。目击者无不惊奇。

在扎麻隆，一并解脱 200 名学生。那时，有个大头人，名叫拉噶（ལྷ་དཀའ），他要求得到热译师的教诲。热译师用道歌说：

“浊世论善比较稀奇，
因此听信善者少见，
但是假如听我规劝，

肺腑之言当记心间！

世事成为轮回坠石，
繁华人生恰如梦幻，
妙法成为希望山巅，
若想永逸还须修法。

身处恶地沾染陋习，
山间隐士恒做善行，
胡思乱想是魔根源，
不讲得失顺其自然。

依靠恶奴是非不断，
别依坏友想法抛弃，
多做不义必成祸根，
改正轻浮审慎行事。

胡言乱语招来非议，
管住口舌多念经忏，
这样今生后世幸福，
如此男儿必成大器。”

因热译师的加持力，他改变旧念，抛弃家庭，跟随上师，受到灌顶和教诫后，成为大智，后来为大众做了不少善事。

在纳毛隆，在给近300名男女学生进行灌顶和授课时，作法展示神变，只见从坛城中升起日月之光，灌顶物自然增长成几种同样物，等等。所有在场的人空灵正觉，产生绝妙三摩地功法。

那时，在桑桑拉札（ཟང་ཟང་ལྷ་བྲག）地方有一位伏藏师，秉持大明，在那里守护所藏。热译师决定去拜访他，为了搞清此行是否顺遂，作法放出三摩地火光。伏藏师以为这是魔鬼在作祟，便念起折磨咒来，那火光去了一边。

过了几天，师徒们带上厚礼，来到伏藏师住处，献上金子、松耳石、马及鞍具等。经过连续三天的讲法论道，双方商定比赛法力。首先，伏藏师摇身一变，变成一个威猛金刚，形如一座山，九符神群贯穿其身，奇幻无穷。热译师运用法力，变成妙音菩萨身，雍荣华贵，威仪充满整个三千大千世界，充满世俗世界，神躬不盈，佛界不亏，如镜中影像。

伏藏师大为诧异，说："请赐予我灌顶和教诫！"热译师说："昨天，我为了观察是否顺缘而放火光之时，只要不生怀疑，今天可以献给灌顶。但你对此产生了不应有的怀疑，所以机缘已误。不过，只要你不声张与我会面的事，保密祈祷，下辈子会遇到我法。"伏藏师心生敬意，对上师行众进行了盛大斋供，他认为这辈子虽然与上师只待了三天，却有父子重逢之感。

第十一章　与念青唐拉山神结法缘

应藏北方面的邀请，热译师及徒弟们到那里去弘法。他们先后经过古浪（གུ་ལང）等金矿地区，最后到达北方。一路上，要求出家者、受比丘戒者不计其数，对他们进行灌顶，现身说法，都得到了解脱；发誓行善抑恶者也难计其数。

之后，应当日（ཉིང་རུ）、奴日（ནུ་རུ）、达日（ཏ་རུ）、阿日（ཨ་རུ）和索日（སོག་རུ）等村落的邀请，走遍北方上中下所有地区。大转法轮，使大家心生敬仰，从各地出现了把生死置之度外（出家为僧——译注）的学生至少也有 200 名，新出家的和受比丘戒的始终在 400~500 人之间。在俗家男女弟子中，有念六字真言一亿遍的，有放生的，有赎命的，有拜佛转经的，有读写佛经的，等等，没有一个不一心向善的。

得到了数以百计的马、鞍具、牛羊、盐、羊毛、金子等，都用来斋供当地僧侣和上师们，修葺旧寺，向代表身、口、意的佛像添加油灯、法衣等。惠施争执各方，使他们言归于好。在各地布置封山令、封河令、封路令，出现安泰祥和之兆。

在霍达（ཧོར་ཏ）期间，一个名叫布吉朝加（བི་ཇི་ཁོ་རྒྱལ）的牧民死去，热译师进行净荐仪式①，招魂之时，死者立即复生，站在大家面前，与生前一模一样。他对家人说："你们向上师报告我的七期，非常感谢！否则，我会坠入恶趣的。"超度之时，从热译师胸口升起一道光芒，无阻无碍，倏地射向上方整个世界。霎时，文殊佛国朗然显现，那死者的灵魂燃烧起来，形体消失，灵魂呈现白吽（ཧཱུྃ་དཀར་པོ）字模样，流星似地逝去，隐入文殊佛的胸口。最后，佛国也消失。大家对此惊叹不已。因此，慕名学法之人纷至沓来，人头躜动。所献供品堆积如山。

一位名叫仁钦的人前来报告父母的七期，热译师说："这不需要净荐，他们早已往生极乐世界，正在无量光佛前听法。"那人说："所谓'业果无欺'，看来是真的。我的父母生前在这北沟一带享有大善人的美名，因为他们对哪怕一丁点孽障也很在意。因此，大概与此功德有关了。"说罢，高兴而去。

热译师发现一个狩猎者已坠入地狱，欲拔济拯救，只见木牌上光点闪亮，因说道："现在没事了，已经脱离了地狱。"如此变幻，不胜枚举。

在裕固（ཡུ་གུར），江格尔（ཇང་གེར་དཔོན）头人为了试探热译师，故意说："我家有个病人，你看一下好不好？"热译师说："你家没有病人，你是在试探我！"头人先是一怔，后又想道，这大概是他早已知道我家没有病人，现在问一下谁也不知道的事，问："那末，我有怎样的奇珍异宝

① 净荐仪式：为生者净罪、死者荐福的一种宗教活动。

呢?”热译师说：“在你的那个盒子内，装有一个松耳石，无眼，漂在水面上。它是产自吐谷浑（ཐུ་གུ）的珍宝。”

头人大为吃惊，说：“我的这个松耳石不属于别人，连我的贴身伴侣也从未发觉过。上师您真可谓是活佛。此前我故意试探您，（实属不恭）望乞恕罪!”说着头面礼足。连续三个月，他对上师进行了服侍和斋供。最后说：“请上师授予教诫!”热译师授予许多了义不了义之法，尤其授予吉祥大威德之往生法和六道习处。他临死时，躯体不留，驾虹仙逝。

之后，热译师来到当曲（འདམ་ཆུ）一带，广弘善业，多次宣讲显密佛典，使许多人得以成熟解脱。在那些男女信众当中，有的了却此生，专心修炼；有的出家；有的受比丘戒；有的拜佛转经；有的戒杀生命，乐善好施。用那些人所呈供的金子、马、鞍具、牛羊做了宏大誓愿。他前往念青唐拉（གཉན་ཆེན་ཐང་ལྷ）神山时，念青唐拉神亲自带领随从前来迎接，说：“请光临我的宫殿!”热译师表示同意，由神带路，片刻来到山脚下。

这山有一道门，进入门内，发现里面是空荡荡的，只有像盾牌一样的台阶伸向高处，拾级而上，到达顶峰，有一座三层水晶宫，五宝门楼焰火斑斓，金檐斗拱，其底部甘露海潋滟，旁边五色彩虹弥漫，上端烟雨蒙蒙，周围花团锦簇，广袤无垠，华严异常。

唐拉神摆下宝座，用珍馐异馔进行斋供，并请受灌顶和教诫。他在这里住了三夜，向唐拉神授予有关甚深吉祥大威德法。一日，唐拉神问：

“实践这个深奥宗旨，

将会出现何等优劣，
怎样进行拨乱反正？”

热译师用道歌回答：

“就像燃灯佛陀所说，
有口皆碑五百劫数，
文殊金刚凡人躯体，
顶礼根本上师脚部。
实践这个深刻道法，
四瑜五道不可缺少。

瑜伽四部究竟哪般？
第一名叫专缘内心，
第二名叫离诸戏论，
第三名叫平等一味，
第四名叫不依有相。

若论五道究竟哪般？
第一资粮第二加行，
第三见道第四修道，
最后一项为无学道。

在那专缘内心阶段，

起初此心好似河流，
从来不住寻思不定；
中期就像恒河之水，
有时安静有时不定；
最后仍似恒河之水，
寻思断绝永久安定。

离诸戏论瑜伽之时，
串习、心意、证悟俱在，
心离生、灭、住三种法，
世间万有离诸戏论。

了解空性才算懂法，
认为一切清净空寂，
要把明相、心和心性，
知为法身才算证悟。

处在一味瑜伽之时，
自有高、中、低三差别，
低级、身相、心三种法，
有时无别心中自知，
有时顽固平庸一般，

出现少许虚妄分别。

中级根绝精神物质，
辩证身、相、心三种法，
但在经意不经意中，
执著二现不时作祟。

不依有相瑜伽之时，
劳作二现全部清净，
自自然然任运自如，
白天黑夜廓然朗明，
恰如虚幻解脱自道。

五道次第如此这般：
专注低级是资粮道，
专注中级引加行道，
专注高级忍加行道，
是观离诸戏论行者，
是一味修炼之行者，
是无修无学之行者，
此等障碍如是消除。

见道之时出现八法，
此生除障修弃贪欲，
加行道时出现空欲，
除障基础得打坚实。

见道之时出现疑惑，
为了除障学习显密，
修道之时出现弛张，
为了除障努力奋起。

无修之时出现行舍[①]，
为了除障勤恳不懈，
除障次序就是这样，
从中受益也是如此。

第一一境瑜伽之时，
功德之利自己受益；
第二离戏瑜伽之时，
证悟之姿自己受益；
第三一味瑜伽之时，

① 行舍，即中立，平等无别，不置可否。对于敌友、苦乐、爱憎之分，态度暧昧，无可无不可者；于诸众生，没有亲疏之想。

证悟之利证悟已取；
第四无修瑜伽之时，
无论怎样一心为人。

如是这般不断修证，
同时到达十地境界，
对于乐明产生喜悦，
十地情况一一道来。

第一处在欢喜之地，
烦恼断修离开尘染；
第二处在离垢之地，
心三摩地莹然照耀；
第三处在发光之地，
脱离生灭一尘不染；
第四处在焰慧之地，
顽固习性一并改正；
第五处在极难驯地，
离戏证悟朗然显现；
第六处在现前之地，
任何作意不可想象；
第七处在远行之地，

精神物质没有动摇；
第八处在不动之地，
上乘功德全部齐备；
第九处在善慧之地，
无妄之中降下法雨；
第十处在法云之地，
生起次第空明无执。

一个不剩显露无余，
身体具备相好庄严，
圆满次第脉风明点，
一个不留到达极点，
法身步入意境山巅。
这样一生一世之中，
就会得到四身果位。”

唐拉神一行听到这里，心生欢喜，多次绕匝顶礼。

在热译师返回之际，唐拉山神贡献了金子七升、黄色神驹百匹、青色龙马300匹、花白神牛千头、白色龙羊万只，并亲自送到学生们的驻地后才返回。

听说热译师得到了人间罕有的财物，许多劫匪前来抢掠，赶走了热译师的那些牲畜。热译师的得意门生热·确饶（རྭ་ཆོས་རབ）就此事向唐拉山神责问道：“我的师父从你的地盘丢失了东西，难道你不管一管吗?”

是夜，那些强盗染上了疔毒，猝然死亡。牲畜失而复得。有人询问其故，热译师说："只为自己的一点小事，无需大动干戈。不过，我可以使他们复活。"说着向那些尸首植入灵魂，重新复活，强盗们心生敬仰，皈依门下。后来听说他们在各地专心修禅，个个得到成就，饶益民众。

之后，热译师来到跋绒（འབའ་རོམ）地方，为民众做了极大善事。一次，他在给当地的男女僧俗民众和从甲绒（རྒྱལ་རོང）来的许多学生同时授予灌顶和示教之时，他全身虹光缠绕，只见从光团中显出五位肤色深蓝的瑜伽师，胸挂骨饰，腰系蛇索，如日辉煌，进行灌顶。

最后，一个个依次隐入对方身体，飘向天空，并说道："世间万法，盖如此矣！"听到这话，聚拢于此的所有人都同时觉得世界万物不过瞬间一闪。

这样，热译师向狗、猫示禅；向房东的羊群也如法炮制，近600只羊都能感应功法，惟独一只没有感应。有人问这是为什么？他说："它的前生破坏了与上师之间的三昧耶戒。如果它是人的话，还有补救的办法，可惜它已经成为畜生，这就不知道了。但是，它的肉献给僧伽，脂肪点灯，骨头作为土食子。这样，后世得到人身后，会有修法的命运。"

那时，有个名叫元丹札巴（ཡོན་ཏན་གྲགས་པ）的善知识前来辩法，他说："若要修行，首先要得到暇满人身。畜生，是非暇之处，不可能感应功法。你的这个做法是假的。"热译师说："一般来说应该如此，但也不一定。这暂且不说。《胜乐本续》（བདེ་མཆོག་རྩ་རྒྱུད）云：'如果金刚师具有能力，可以把灌顶慧植入土石。'这个道理是一样的。"他产生敬信，成为其学生，后来被授予教诫，并让他修炼，得到成就。

在达垄（གདམ་ལུང）期间，热译师举行了盛大法会，所得财物堆积如山。在给大家灌顶授课之时，运用神通功法，只见自己显为一簇鲜花，从花瓣中流出一股甘露，不管谁喝了，连续七天消除饥渴之苦。从花丛中升起五色彩虹，扶摇直上。所见之人产生光明三摩地。在花的根部，烈火熊熊，从中淌出涓涓细流。

之后，重又返回尼南，在家乡的神、人、龙的迎接下，来到自己的寺院，各地的学生以及许多男女信徒接踵而至，给他们进行灌顶、教诫、授课，广启善门。因此，心地向善、成熟解脱者比以前更多。

在此期间，热译师亲见妙音佛界，并撰写与此相关的论典。尔后，来到北俱卢洲，遇到一位前生的学生，使之成熟解脱。一天夜里，狮面空行女来到他跟前，说："大德，你的事业在后藏（གཙང），请到那里去吧！"说完飞向西天，大家有目共睹。

师徒一行 800 人动身前往后藏，临行之际，被当玛集市邀请去，隆重斋供，献贡浩大。要求出家者、受比丘戒者、灌顶者、听讲者难以计数。大家都产生妙好感悟。尤其对当地有名的居士达玛沃（དར་མ་འོད）、章端释耶（འབྲིང་སྟོན་ཤཱཀྱ་ཡེ）和琼保沃（ཁྱུང་པོ་འོད）授予灌顶和教诫，使他们证悟和解脱同时实现。为了谢恩，他们献牦牛 70 头、黑白帐蓬 84 000 顶。后来，他们常住山幽，一心修炼，亲见吉祥大威德尊颜，功德浩荡，善能为民众办事。最后，听说驾虹而逝。

不久，热译师来到曲堆（ཆུ་འདུས）地方，僧俗群众云集此地，用贡物之海进行侍奉。他以循循善诱的方式为民做事，对纷争者晓以道理，施物平息。这时，有一位深受大家崇拜的咒师，名叫多吉华（རྡོ་རྗེ་དཔལ），他为了考验热译师，发功降下霹雳。热译师用期克印拿在手指上，抛于一边。咒师大为惊愕，上前请罪，并献一匹鞍辔齐备的乘骑，献500驮青稞，要求宽恕。热译师把手放在他的头上，唱起道歌：

"三世诸佛集于一身，
诚心顶礼耶让大师，
芸芸众生多有疑惑，
祈愿指明解脱道路。

我的情况你可知道？
我的情况如你不知，
本人名叫多杰札巴。
外看是个藏地小僧，
内看是个妙音菩萨，
从附秘密金刚威德，
一经接触万事竟成。

本人具备贤正善良，
凡是对我蓄意试探，
就像用庹度量天空，
凡是对我胆敢放咒，
就像用木对付大火。
勿持邪见认真祈祷，

今生后世大事皆成！”

唱罢，他先是往后一退，然后纵身一跃，钻入石崖不见，只留下清晰可辨的身印。（待热译师重新出现后）多吉华说：

“我等恶运业障不净，
佛陀化身躬身莅临，
仅以欲嗔冒犯试探，
孽障深重请求宽恕，
以后成为您的弟子，
希望不弃予以加持！”

说罢，头面礼足（用头顶足之礼仪——译注）。热译师给他进行灌顶，授予教诫，悉心加持，使他成为拥有近500名学生的大成就者。最后逝世时，遗体变成舍利。对热译师隐入石崖的遗迹，今天人们仍然称为“隐迹”。

之后，热译师来到江地辐轮山（རྒྱལ་གྱི་ཚིབས་རི），向集会者说法，使许多人脱离罪恶，得到安乐。从此地得到诸如马、犏牛、金子、松耳石、米袋等无数献供。他以剃度出家、授比丘戒、灌顶和授课的方法，为民众做大量善事。

一天，他被一位名叫贾列（རྒྱལ་ལེ）的官人邀请去，款待斋茶，贡献衣物，宝贝等约1万件。官人说：“原来我也是个比丘，从许多上师处也学了法。后来，由于因缘不巧，法未长进。为了女人之事，打了许多仗，杀人马好多。为了争夺官位，大肆抢掠和镇压无辜百姓，可谓十恶不赦。如今我除了地狱外，再无路可走。请上师慈悲拯救！”说罢，泣不成声。

热译师说："你不要哭，我有甚深吉祥大威德法，它强行使罪大恶极者成佛。我交给你这样的教诫。"热译师一经给他灌顶，并授予教诫，只见金光遍布方圆，从光中出现一群天子天女，献各种供品。大家有目共睹。

一天夜里，当灌顶和授课结束后，热译师说："我已给了你深奥的教诫，请实践吧！根据这个教诫，五无间业[1]也可清净。"又唱道歌道：

"呜呼一切浮尘幻化，
归根到底没有自性，
执著习性炽炎不息，
错谬之状各种各样。

错者乃为自己之心，
心本空寂无法执持，
空寂本质又如光明，
这个光明就是法身。

法身本质脱离生灭，
既无生者亦无善恶，
罪孽本质空虚不实，
空虚怎能伤害空虚。

① 五无间业：弑父、弑母、杀阿罗汉、破僧和合、恶心出佛身血。

虽然认为因果不欺，
但依生起天三摩地，
唪颂深奥密宗口诀，
没有任何不清净者。

除障次序虽然很多，
但是金刚威德第一，
只要勤习这个瑜伽，
除障法中最为深刻。

为何要在除障方面，
需要证悟无我之慧？
这是反映一切佛陀，
通晓一切的正本色。”

贾列按照热译师所言，专心修炼，洞悉业障本质毫无自性，幡然晓理，亲见吉祥大威德尊容，使妻子儿女都成熟解脱。最后去世时，骨灰显出4幅右旋海螺（图），同时又变成无数舍利。

之后，热译师来到解嗄（ཞིལ་དཀར）地方，用圣法导化数以千计的民众，使许多鬼神守居士戒。他得到诸如甘蔗、大米、果子，以及布匹、药材等数以千计的供品。他不论在当玛，还是在当地期间，所到之处，瘟疫消失，人寿年丰，彩练舞空，花雨缤纷。各地土地神也不断对他供奉。他用所得到的供品招待各地僧伽，修葺旧寺，捐助异教上师，修造代表身、口、意的塔庙，广施乞丐，一如既往地平息争端。

他在当地上方隐居达五个月之时，只见三十五佛光芒万丈，充满宇宙；佛母（般若波罗蜜多）形如磐石，其上有许多不足如来佛金身大小的形象，如日光斑。这时，有一位名叫关确坚（དཀོན་མཆོག་རྒྱན）的尼姑，前来献给他一部《般若十六万颂》其中的一函，并要求授予教诫。他知道她是个成才之器，故进行灌顶，授予教诫。顿时，她感到暖流直入中脉，光明遍布方隅，得到了殊胜成就。后来，她为民众做了许多善事，临终之时，从遗体中升起七道彩虹。

此外，他还使其他僧人、咒师、男女瑜伽师等近 300 人解脱成熟。

之后，他陆续到雅陇（གཡའ་ལུང）、吉雄（འཇག་གཞོངས）等地传法，为民众做了无数善事，所有人与非人普献供物。雅陇巴·仁青沃（གཡང་ལུང་པ་རིན་ཆེན་འོད）和吉雄巴·格登札（འཇག་གཞོངས་པ་དགེ་འདུན་གྲགས）二位大善知识向他献了六两金子后，请求灌顶和教诫。这时，只见热译师成为真文殊菩萨，从其胸口出现一束阿字（ཨཱཿ）白光。

看到这里，他俩倏地隐入寂止功法。等到从寂止中醒悟时，对无戏论的真谛已经洞悉无余，并看到许多天神尊颜。因此，各个成为法力无边的得道者。

热译师又到了扎陇（ཟཞ་ལུང）地方，长期从事民众善业。一时，洪水泛滥，他手结期克印一指，被立即制止。运用神功，将岩石和磐石捏为粉碎，如和泥一般。在给阿梅木雅（ཨ་མེས་མི་ཉག）等近 500 名具有专长的弟子进行灌顶和授予教诫时，只见从宝瓶中升起彩虹，画像中的人物含情微笑，等等，奇观迭现。

阿梅木雅领会个中真谛，彻悟一切地道①功德。其他人都得到空明无瑕的觉悟。阿梅木雅为了谢恩，变卖所有房田，连续三次举行法会，传播佛法。最后，把价值60两黄金的松耳石“红莲聚”和“火焰烧”也献给热译师。为民众广做善事。去世后，在额骨骨灰中清晰显出大威德自然像。

在驻锡萨迦时期，向昆·衮却杰布（འཁོན་དཀོན་མཆོག་རྒྱལ་པོ）王奉送礼品，并参拜圣迹。这下可惹恼了萨迦人，他们表现出不悦之色。针对这种情况，热译师使用招引三摩地功法（དགུག་པའི་ཏིང་ངེ་འཛིན），使一切神皈依他的门下。萨迦人对此大为惊愕，也毫无办法。热译师说：“现在，（诸神）复归原处吧！”诸神重新返回原处，大家均感神奇，都说：“以前多有冒犯，恳求宽恕！”一心一意地供养和恭敬，虔诚不二。

这时，发现宝帐怙主②一行也追随其后，答应为他操办佛业。应萨译师（ས་ལོ་ཟླ་བ）的邀请，热译师大转法轮。给当地的广大萨迦人讲解显密经典。要求出家者、受比丘戒者、受居士戒者、禁食斋者等很多；忏悔前过、赎命放生、发誓行善之人无计其数。所得到的供物有：金、银、衣、绸、花、铜壶、经卷等无数。前来观看热闹的人群熙熙攘攘，但从未出现过吵嘴打架或不愉快之事。大家都异口同声地说：“惟独今年安居乐业，幸福美满！”

在给萨译师为首的10名有缘弟子进行灌顶和授予教诫之时，天上地下都充满了空行女，对他绕匝顶礼。彩纷坛城③（རྡུལ་ཚོན་གྱི་དཀྱིལ་འཁོར）悬于空

① 地道：大乘菩萨十地和五道的简称。
② 宝帐怙主：密宗一智尊所现护法神名。
③ 彩纷坛城：用各种颜色粉末撒布而成的本尊宫殿。

中，大家有目共睹。一盏酥油灯连续照了 13 夜，成为奇迹！萨译师得到了吉祥大威德成就，先知和神通的能力不可阻挡，后来为人民大众能够做事了。其他人也在寂止和胜观方面大彻大悟，到了最后，每个人都成为得道者。为了表示感谢，先后送给他崭新的佛经 16 部、金身灵塔等无数。

之后，热译师被尖垅（གཅན་ལུང）地方的人们邀请去，奉献酥油糕、药材、蜜饯等数以百计。人群黑压压一片，给他们说法后，大家产生厌离之心，归入佛门。许多人抛弃争斗、食罪恶饭的坏习惯。给有缘弟子们进行吉祥大威德灌顶，授与教诫，使其中近 106 名学生没有先后没有区别地得到证悟。

为了适时颂经拜忏，举行了温和护摩①仪轨（ཞི་བའི་སྦྱིན་སྲེག），霎时从烟囱的火焰中出现一棵树，其主干红色，根部白色，枝条黄色，树叶绿色，花为蓝色，花蕊呈红黄色，主干上有 100 个枝条，每个枝条上有 100 片叶子，每片叶子上有 100 朵花。大家对此惊讶不已。

他在一个巨石上放置漏勺和舀勺②，其痕迹明显印在上面。

有一天，三个学者前来求法，一个是印度执金刚的学生玛班·确巴尔（མ་བན་ཆོས་འབར），另一个是楚译师（འཚུར་ལོ་ཙཱ་བ），第三个是瓦热·推巴嘎（བ་རིག་ཐོས་པ་དགའ），他们对道歌和大印（旧密修道法——译注）颇有造诣。进行灌顶和授课后，楚译师得到了如天空般广阔的证悟。玛班得到了无碍神通。但瓦热却心中想，这位上师只对神像生起次第的教程很熟悉，故对尘世迷执

① 温和护摩：一种消除疾病魔障等八难的活动。

② 漏勺、舀勺：烧施时用以浇油的方勺和圆勺，前者作过滤油用，后者作舀油浇油用。

实有，且很是牢固。他功德没有长进。

是夜，他们三人一起投宿一所宅院，待共同交流切磋时，却发现瓦热一无所有，他俩因问道："上师的教诫使我俩产生优越证悟，而你却没有得到。看来重新请求教诫为上！"他重新又去求法，热译师微微一笑，说："你对我不感兴趣。"

"我没有不尊您。"

"嘿嘿！你想什么我都知道。"瓦热（惶恐不安）连连磕头，忏悔前愆。

热译师说："这个神圣的密宗是用方法开启的。智慧空性没有优劣之分。方法虽多，但除了生起次第外，别无他法。基道果三位是不可分割的教诫。有人认为，修炼生起次第是低级的，而修炼圆满次第则是高级的。二者均为自心本能，哪能以高低论处？对无二[①]执为二有，并以好坏加以区分，这是陈见。"说罢又用道歌说：

"谨向我的恩师巴若，
诚心诚意祈祷祝愿，
朦沌众生沉溺二取[②]，
恳求加持了知二无。

五百劫数[③]最后阶段，

① 无二：生起次第和圆满次第无二无别，故无二。

② 二取：能取、所取。

③ 五百劫数：佛法住世十期，最后一期五百年，即为相期。在此期间佛教逐渐走向衰微，仅剩外表形相。

信佛之士身影绰约，
每当理解佛典方面，
抱着陈见妄说一通。

生起次第神圣瑜伽，
有人无知应弃邪见，
三千世界空明无别，
却行取舍实为二取。

尤其密宗的特点是，
只有神圣生起次第，
亦即空性三摩地法，
全部都在显密经中。

开天辟地直至今天，
轮回不断的主因是，
平常无为庸俗耽著，
为治此障说生起法。

人云大印圆满道歌，
生起次第均为下等，
这是抱有陈见众生，

应该遣除这种执著。

生圆二次[①]本来无别，
修持神圣三摩地时，
生起次第形象光明，
圆满次第本质空寂。

毫无二致互相融合，
无从区分好坏取舍，
色相均为现空之身，
就像彩虹没有本性。

这样禅修得到功德，
身障清净证得化身，
所发声音空洞无义，
无法执持似空谷声。

这样禅修得到功德，
口障清净证得报身，
所有忆念显空明意，
自然解脱似蛇解结。

① 生圆二次：生起次第和圆满次第。

这样禅修得到功德，
意障清净证得法身，
一切显得无二无别，
就像云雾忽生忽灭。

这样修禅得到功德，
证得难言的自性身，
生起次第功德广大，
一切意愿出于此中。

庸俗耽著虽然顽固，
但修生起可以治除，
欲知是否拥有三身，
修炼生起方能知晓。

欲办息增怀伏四业，
必修生起才能做到，
为民欲做无数事业，
必修生起才能办成。

无需身口辛勤劳作，
修三摩地万事皆成，

意蕴闳籍便于操作，

这是密宗乘的优点。”

听到这里，瓦热更是诚惶诚恐，忏悔前过。此后，他对热译师言听计从，虔心不二，并亲见吉祥大威德尊容，洞悉万法真谛，为民众做了许多善事，最后临终时飞向太空。

在宁日（སྙིང་རི）期间，人不分高低贵贱，一律授予佛法，使他们摈弃邪恶。要求受居士戒者、出家者，以及受比丘戒者很多。向以宁日巴·关确沃（སྙིང་རི་པ་དཀོན་མཆོག་འོད）为首的300名咒师授予甚深吉祥大威德灌顶和教诫，大家均取得妙好证悟。为了表示感谢，奉送了用金粉誊写的经书17部、幡幢和华盖以及乐器等物品，还奉送了酥油、青稞、氆氇等不计其数。

集会快结束时，热译师说：“我向各位出一点热闹。”说罢，进入功态，只见将一只死去的野兽尸体用三摩地功拖至眼前；把倒入坛内的水变成酒；加持许多空容器使其充满糌粑。用这些（圣物）举行会供，大家连续15昼夜享用，也取之不尽。

他又到了拉孜（ལྷ་རྩེ）地区，在一座名叫喀瑞的山岭（ཁ་རོའི་ལ），遇上7条狼，他使用往生夺舍法，它们当场毙命，从尸体中升起彩虹。后来听说它们在阿里（མངའ་རིས）得到人身，并成为名符其实的格西（དགེ་བཤེས|大学者）。

他又继续前行，所到之处，都被当地土地神邀请去，奉献人所没有的许多稀世珍宝，并要求发心（发菩提之心）。授予灌顶和教诫后，使之成熟解脱。

有一天，学生们亲眼看见热译师隐入岩石内，均感诧异。过了三夜，热译师才返回。学生们不解地问："这样做为了什么呢？""我是去给非人讲法的。"

不久，被拉孜的萨迦人邀请去，大转法轮，使民众普行十善，断除所有孽障；主持千余名出家者、受比丘戒者的仪轨。特别是近700名学生接受了灌顶和教诫之后，亲眼见到了本尊神的容貌，洞悉万物皆为假有，成为得道高僧。在三个月内，奉送供品者连续不断。这些物品全部用在纯洁的善业上面。

他又被朗陇（གླང་ལུང）地方的人邀请去，受到盛大的欢迎。他给集会群众讲了发心、善业、箴言，功德浩荡。在这里又给500余名学生进行了吉祥大威德灌顶，授予教诫，大家均感灵验，心生无邪证悟。他们侍奉热译师，贡献物品，不可思议。热译师亲见弥勒菩萨和药师七佛的尊颜。吉祥唉嘎匝支神（ཨེ་ཀ་ཛ་ཊི）亲帅从众前来表明赤诚，发誓永当护法神。持梃护法（མགོན་པོ་བེང་དམར）主仆也前来致意。

一时，阿里地区的蒙古军队（སྟོད་ཧོར）游弋卫藏，此地僧人与咒师们无论怎样念经拜忏，都未能阻止。而热译师施以六十四朵玛回遮[①]法，只见真言沙[②]翻滚；朵玛着火；空香炉内冒起浓烈的人肉气味；不见人影，但闻山歌阵阵。（此情此景）令人毛骨悚然。

投放那天，只见朵玛像离弦之箭飞向天空。这时，对方军队正驻扎在玛旁雍错（མཚོ་མ་ཕམ）湖边，朵玛正好落在他们身边的一座磐石上，随即

① 回遮：驱魔和禳灾的活动。
② 真言沙：诵咒加持后用以驱魔的芥子、沙粒等物。

隐没不见，只留下明显的痕迹。士兵们个个被镇住不动，昏厥过去。(这样) 对方只好偃旗息鼓，罢兵回撤，兵戈解除。

卫藏与阿里的老百姓们对此惊叹不已，个个奉送礼物，以表谢意。尤其受到大德王 (ལྷ་བཙུན་སྔོན་མོ) 的垂青，说："这次如此大的干戈，你只以微劳就取得胜利，非常感谢!"热译师说："这点小事，有什么奇怪的?我曾经两次化解过比这更大的干戈。"大德王说："这又怎么说呢?"热译师用道歌回答：

"谨向巴若上师等人，
一心一意顶礼膜拜，
我多杰札藏族小僧，
专心致志修炼功德，
多次化解骇人兵戈，
要说胜法如此这般。

自古以来阿赖耶地①，
就有明与无明士夫，
处在一起共同生活，
无明士夫产生嫉妒。

自我筑起幻身堡垒，

① 阿赖耶地：收摄处，储藏处。

三名军官[①]作为首领，
率领八万四千军马，
剿杀小小智慧婴儿。

以正思虑作为内寂，
小儿逃往一扇暗门，
八万法门作为朋友，
在那戒律清净之地，
建起静虑永恒碉堡。

带上无欲布施干粮，
骑上精进不懈良马，
穿上忍辱坚牢铠甲，
智慧武器磨得锋利，
与烦恼兵对阵较量。

自我解脱士夫性相，
无欲之弓无贪之箭，
二者无别同上扳扣，

① 三名军官：喻指贪、嗔、痴。

发功双运[1]拉满弓弦，
射向贪婪无耻之心，
空乐之中悄然死去。

执著自返一切士夫，
怜悯之矛仁慈之尖，
用空性庹[2]加以绑缚，
高高擎起喜乐飞幡，
直戳我执嗔恨腹部，
空明之中悄然死去。

自然聪颖一切士夫，
方便之鞘智慧之剑，
浇铸自明智慧钢水，
铲除愚昧痴蒙命根，
无分别意中悄然死。

八万四千法门之军，
剿灭八万烦恼之敌，

① 双运：密乘五圆满次第之一。智慧空性与方便大悲双运，智慧光明空性与方便俱生大乐双运，或指外境完美空性与内心永恒大乐双运。

② 用空性庹：用空性的绳索在怜悯之矛头缚以仁慈之尖的意思。

把那对头无明士夫，
用自证智慧火焚烧。

把血肉之躯的堡垒，
炼成熠熠生辉虹体，
智慧婴儿乱中取胜，
这是首次取胜经过。

其次中脉命根保姆，
被日月士夫打入牢，
拆散红白元气小儿[①]，
剥夺巨大光明财富，
执著疑虑顽固如铁，
不幸坠入苦难深渊。

幸遇空明神圣法轮，
瓶风功法切磋理论，
金刚口诀结为朋友，
夺其日月士夫之命。

执著铁镣碎为粉末，

① 红白元气小儿：这里指热译师曾经结婚的事。

那中脉命根的保姆，
从苦难囹圄中救起，
红白元气小儿重逢，
光明财富如前炽盛，
中间取胜经过如此。

后在雪域藏地期间，
展转弘扬神圣佛法，
蒙古军队恣意妄为，
没有一人堪挡气势。

名叫多杰札巴本人，
修炼本尊三摩地法，
以无忍慈悲的言行，
抛去威猛朵玛沙粒。

只见朵玛半空翻舞，
转眼之间倏忽落地，
钻入坚硬巨石内部，
蒙古军队木然昏厥，
无需兵刃偃旗息鼓，
最后取胜经过如此。

这样的事不胜枚举，
后面来的出家人们，
欲意成为我的模样，
只望认真修炼便是。”

听到这里，大德王更是器重不已，连连磕头，恳求收为弟子。热译师见其具有根器，授予灌顶和教诫，他获得深明不二的证悟，变幻自如，法力无碍，亲眼目睹吉祥大威德坛城。

为了表示感谢，他邀请热译师连续三次举行法会，大转法轮，并供奉镀金银佛像等圣物 100 余件，还有蓝皮经卷 200 部、青皮经卷 1 000 部、金子 5 000 两，绸缎三万匹等贵重供物，如此举行了七次。后来遵照热译师的旨意，在楚（མཚུར）普倡建嘉黎（ལྷ་རི་དགོན）寺，得到许多教法和财物，聚集学生近 800 名，悉皆引入成熟解脱之路。后飞向天空。

这时，到处传颂着热译师不费吹灰之力驱逐来犯之敌的美名，他的福分日隆，追随者日盛。之后，他来到沃东（ཨོ་དོང），退敌咒语佛母（དཔལ་ལྡན་དམག་ཟོར་མ）率众打着锦缎幡幢和悬旌，前来迎接。此地百姓伏首虔敬，所献牛马等物遍地都是。他给众人说法，出现了向善进取、忏悔前过者无数；因接受灌顶和导化，出现了大彻大悟的学生近 700 名。

一日，项译师（ཞང་ལོ་ཙཱ་བ）前来斗法，他向大江掷去金刚橛，使水倒流。热译师抛去朵玛，疏浚流通。项译师降下霹雳，热译师把它包在袈裟内。项译师发功使尸体复活并前来冒犯，热译师一结期克印，使之倒地。项译师正在惊骇不已，只听热译师说：“这还不止！”说罢将自己的胸膛用刀剖开，只见腹内尽是莲花苑林，每片花苞上有形状迥异的世界，每个世界有许多肤色手相不同的佛、菩萨演示幻化，不断传出法音，许多仙童仙女载歌载舞，各种天乐齐鸣；到处升起五色彩虹，光亮绚丽，百看不厌。接着，热译师用道歌唱道：

“无可比拟恩师喇嘛，
前生有缘的本尊神，
没有差别供于头顶，
恳请慈悲笃信徒儿。

藏族小僧我多杰札，
向来对甚深大威德，
专心致志修炼以后，
才有如此出神功法。

以前所有得道高僧，
也未显示如此道果，
我这热姓藏族小僧，
情器世间尽在胸中。

三摩五道菩萨十地，
便是功德圆满先兆，
平中见奇鹤立鸡群，
大彻大悟到达彼岸。

一心虔信终证佛果，
心生邪念堕入地狱，
以前未闻这般道果，
想看热闹请自观看！”

听到这里，项译师不由自主摒弃旧念，磕头不止，如墙倒一般，并说：

“外表人身的三世佛，
数遇超凡脱俗士夫，
有眼无珠产生邪念，
贸然作对认罪忏悔，
自今以后一切世中，
诚心乞求加持我辈！”

言罢，奉献百匹马、百头犏牛、百匹布、百驮粮食，并进行忏悔。热译师也视其具有根器，进行灌顶，授予教诫，使之证悟较前大有长进，得到制伏一切的三摩地。

后来他教书育人，出现了百余名大禅师为首的高僧大德；他从师尼泊尔的大慈大悲和阿姆噶·班札（ཨ་མོ་གྷ་བཛྲ），翻译扎、东、久三教诫（དགྲ་གདོང་འཇིགས་གསུམ་གྱི་གདམས་པ），为民众做了许多善事，最后临终之时，遗体变成五色花团，骨灰显出自然神像。

之后，热译师一行前去参拜仲巴江经堂（གྲོམ་པ་རྒྱང་གི་གཙུག་ལག་ཁང），由诺布桑保（ནོར་བུ་བཟང་པོ）居士和南志·热玛德（ནམ་གྲུ་རེ་མ་ཏི）前来迎接，他们向圣物献供200驮酥油的香火资、一两金粉，供施袈裟、华盖、幡幢等无数；

制作许多画像和塑像，用金银粉誊写多部经卷；从狐迹岩（ཟག་ལ་སྤུལ）发掘金矿，以此作为每月百供一次的费用；方圆附近建起多座禅院，在开光之际，五色花雨遮天蔽日，在彩虹融融之中，传出歌声和各种音乐，所有画像和塑像开口说法，许多青稞粒隐入巨石之内。

师徒一行又来到元保垄（ཡན་པོ་ལུང），献供香灯、哈达、袈裟等，进行会供百余次。又使会供物品变成五色琼浆玉液，大家有目共睹。他们亲见幻化神变的本尊天颜，制伏以江玛（ཇང་མ）为首的许多土地神。应当地庄主、尊者和寺院的邀请，在 3 000 人的集会上大转法轮。

这时，有人把热译师当成释迦牟尼佛来朝拜，众人感应不一，幻觉丛生。大家虔诚意笃，纷纷供奉金、松耳石、马及鞍辔、毛呢、蔗糖等成百上千的物品。发誓不杀生者、守持斋戒和皈依戒者不计其数。在授吉祥大威德、金刚亥母灌顶和教程时，空中响起许多空行女的歌声，修行资费三倍增长，普降甘露。在学生当中，得到法眼净者和先知者近 300 名。

之后，从夏布（ཤབ）来人邀请他前去传法，人们不分贫穷富裕，都进行迎接，斋茶招待，供奉金、松耳石、米袋、糖袋、果袋、药材、布匹、缎子、毛呢捆等难以计数。人们从四面八方赶来，把沟垅挤得水泄不通，但没有出现斗殴和不安之事，众皆感到奇怪。他在说法之时，彩虹当空，花雨盈沛，连续七日不断。无数空行女从天而降，为他进行各种供养，众人有目共睹。没有一个不发誓赎命放生的，没有一个不在藏历每月十五、三十和初八进行祭祀或戒欲的；出家者、受比丘戒者也近达 2 000 名。经过灌顶和授课，得到证悟和能力超群的学生近达 1 008

名。他把所得物品一点也没有私留，悉数用于卫藏、阿里地区的所有大小寺院的布施、一切圣迹的供灯和哈达、所有教派的上师供品、布施穷人、赎命、调解争端等费用上面。

这时，热译师亲眼目睹一个手持白伞的女子，千首千手，千百万双眼睛，被明父（རིག་པ）和手印母群前后簇拥着，坐在一辆由金刚亥母牵引的圣母金光辇上，发出万丈光芒。由此表明，今后任何邪恶力量对他秋毫无犯。

一天，他从东山坡出发向上方去散心，边走边自言道：“不久的将来，此地将有一名观音菩萨的化身为名叫吉祥的寺院修筑一道女墙，给众生做宏大事业。”下午，天空乌云密布，电闪雷鸣，硕大的冰雹倾盆而下，各种怪声响个不停。

热译师仰头一看，发现遍入天热乎拉（ཁྱབ་འཇུག་རཱ་ཧུ་ལ）横在半空，躯体庞大，令人不寒而栗，有九个头，还有一个乌鸦头，共 10 个头，全身青蓝色，下身呈蛇尾盘绕状，手持铁制弓箭，浑身都是眼睛，口内喷着火光，身旁有梵天、八曜和二十八星宿围绕着，正在兴风作浪。

看到这里，热译师怒从心起，立即入定吉祥大威德三摩地，只扫一眼，乌云、冰雹都退回原处，遍入天众从空中栽倒于地，弓箭断裂，毒气散去。“你们如不听话，我现在即可解脱你们！”他们非常害怕，只得言听计从，特别发誓今后一定执持热译师法统，并做法友。

于是，遍入天变成一个全身镶满宝物的白孩儿，拖着一根水晶锡杖而去。其他随从有的变成仙子模样，有的变成仙女模样，向热译师多次顶礼和绕匝后，化作一道虹光而去。

之后，热译师应纳唐（སྣར་ཐང）地方的邀请前往那里传法，受到热烈欢迎，热闹非凡。人们献给鲜花、铜器、马鞍、金、松耳石、经卷等成百上千的供品。经过举行盛大传法活动，引导广大民众步入十善业道，断除罪大恶极的风习。有一匹马死后，从尸体中升起彩虹，从空中降下花雨，骨肉变成舍利。大家都感到奇怪，又供奉许多物品。他把这些供物变卖，用所得的钱来塑造释迦牟尼、十六尊者和四天王的金身及塑像后座，刻印广、中、略佛经，先后七次大量布施当地僧俗群众，大赦囚犯，多次向患病者布施药物。所有物品都用在具有意义的大众事业上面。

这时，一个名叫项藏（ཞང་ཚང）的咒师前来拜访，说："请上师展示一下神功！"热译师向一棵杏树只瞟了一眼，杏子纷纷落下，足够师徒们吃一顿。热译师又收集那些杏仁，作一复原的回眸功，杏仁立即变成杏子，且比原来的大而美，全都长在原来的地方。大家惊叹不已，这是什么？是梦，还是现实？抑或眼花了？疑惑不决。杏子明明吃得饱饱的，杏树又一点也没伤损，繁茂如初。项藏又问："这样的神功是怎样得来的呢？"热译师说："是通过念修①得来的。"

"我也曾经做过很多念修，但未得到如此神功呀！"

"这是没有掌握要害所致。"说罢又唱起道歌：

"小小咒师具有智慧，
喜欢提出关键问题，
我热译师比你年长，

① 念修：念诵本尊咒语和如仪修行。

说句实话请你细听！

要想得到奇异神功，
必须弄清念修标准，
欲意纯熟念修功课，
是否领会亲训真传？

要想知道是非曲直，
必须得到上师加持，
上师进行加持之时，
是否具有虔诚之心？

要想独自进行修炼，
必须知道障碍错谬，
如若了知障碍错谬，
是否以闻消除疑难？

要想阻止人的攻讦，
必须对事不存疑虑，
如若对事不存疑虑，
是否以思洞知区别？

要想公平办理民事，
必须了解学生想法，
如若了解学生想法，
是否具有修行经验？

要想迅速得到成就，
必须对法专心致志，
如若对法专心致志，
是否忆念死无定期？”

项藏听到这里，对他非常崇拜，并邀请至自己家中，奉献了金光灿烂的《大般若经》（འབུམ）六部等成千上万的供物，并请求灌顶和教诫，热译师高高兴兴地进行加持，使他二取的错误之巢崩坍，了知万法平等的智慧出现于脑际。后来，他为民众做了许多善事，临终之时，驾虹而逝。

另外，热译师还使近 1 200 名学生成熟解脱，把所得到的物品均赐于项千（བྱང་ཆེན།菩提塔），用来为佛像缝制法衣、涂金，购置供灯等盛大法会所需，修建布施乞丐的驿站。

之后，他又到绰普（ཁྲ་ཕུ）、森波日（སེན་པོ་རི）、托普（ཐོད་ཕུ）和恰果雄（ཆ་ཁོད་ཀ་ཤོང），受到当地百姓的欢迎，并进行了不可思议的侍奉，供献了马、犏牛、金子、松耳石、金身、银身等成千上万的物品。说法之后，把许多民众引向菩提之道；使一切沙弥遵守戒规；使所有咒师掌握生起次第和圆满次第；使一切民众尊重斋戒；对所有争端采取说服和施舍的方式予以平息；释放囚徒。善缘浩荡。

在绰普期间，塑造了顶髻尊胜九佛母（གཙུག་ཏོར་རྣམ་རྒྱལ་ལྷ་དགུ）的坛城。一时，洪水泛滥，他以期克印加以制止。

在森波日期间，亲眼目睹四金刚座（རྡོ་རྗེ་གདན་བཞི། 自、他、合、密——译注）的许多神的尊颜和不动金刚佛土（རྡོ་རྗེ་མི་འཁྲུགས་པའི་ཞིང་ཁམས）。他运用法力，征服了许多苯教徒。

在托普期间，热译师明知一位名叫拉则喀热巴（ལྷ་རྩེ་ཁ་རག་པ）的人投毒害他，但他还是喝了，不但安然无恙，而且比之前更容光焕发，还说："再拿来！"拉则喀热巴惊懊不已，马上忏悔。给他授予教诫后，产生妙好善行。为了表示感谢，向热译师奉献契经（མདོ་སྡེ）六部、金子百两、松耳石 50 个、缎子 3 000 匹等。临终之时，在他面前出现些微地狱幻影，但经过忆念上师和教诫后，才得以消除，在中阴能够自行掌握投生，异兆环生。

在恰果雄闭户静修期间，亲眼目睹如来龙王（དེ་བཞིན་གཤེགས་པ་ཀླུ་དབང་གི་རྒྱལ་པོ）的佛土及其堆积如山的经典。八女神奉献共同成就。

在这里的一座岩石壁上清晰地印着热译师坐禅时的背影，并弘扬扎、东、久三灌顶和三教诫，培育了许多诸如具有先知、法力无边、恒住空性的学生，其中在绰普 1 500 名，在森波日 800 名，在托普 400 名，在恰果雄 173 名。

那时，有个名叫项热顿巴（བྱང་རས་སྟོན་པ）的著名法相师[①]前来辩法，但热译师不在家。他出门后问人道："上师去了哪里？"热译师的亲戚郭嘉

① 法相师：采用辩论的方式研究佛教法相学的人。

(སྙོམ་རྒྱལ) 说：“上师在里面，你没看见吗？”他复又折回一看，热译师确实在里面，在他的周围是一片湛蓝的海洋，其间长着一棵莲花树，树尖上有八扇门的水晶宫，内外充满五色彩虹。在其中央，端坐着文殊菩萨，全身金光灿烂，右手结胜施妙印于胸前，并握一束青色莲花；左手扶座，舞姿晏坐，身着锦缎，佩戴宝物，雍容华贵，光芒万丈；在青莲上面还用经卷和剑镶就，文殊字如雨而降；在海边，很多供养天女①翩翩起舞。

此情此景，不禁使人产生敬畏感。项热顿巴磕了头，准备离开。正在这时，所有景象都一下子恢复了热译师的相貌。正当他深感诧异之时，热译师用道歌说：

“敬礼无比的燃灯佛，
敬礼门札朗巴为首，
所有一切我的上师，
恳请把人引向佛道！

好学顿巴且听我言，
你只精通字面意思，
所谓博闻真是奇怪，
此义是否亲自实践？

如果人法不相结合，
即使多闻也有何用？

① 供养天女：向神佛奉献供品的八美女。

只是追随字面意思，
恐怕丢掉关键问题。

现在你持教派偏见，
抛弃佛法正在积恶，
说些空洞无为言辞，
清净虔念正在消失。

清高我慢排斥异己，
恐怕堕入恶趣深渊，
假装聪明自以为是，
恐怕空想一无所获。"

项热顿巴听到这里，非常感佩，不禁潸然泪下，顶礼膜拜后，说："尊贵的上师！虽然我曾经研习过不少经，但只领会了表面意思。其实心底空虚，毫无长进。相反地，产生邪念和贪嗔，积恶不少。现在，除了上师外，我别无依靠。恳请慈悲，授予一个简明扼要而便于实践的佛法。"热译师用道歌说：

"那么好学的顿巴你，
自高自大且听我言，
你是否真心信正法？
如果真心信仰佛法，
不要执持邪念我慢，

修习正念必不可少。

不要追随只言片语，
人法结合才是上策。
不要谈论教派分歧，
摒弃偏见才是上策。

反复思考轮回苦难，
抛却此生才是上策。
佛法根本是菩提心，
修念慈悲才是上策。

福祸本是心的臆想，
少些执著才是上策。
对于平常神咒本质，
永远护持才是上策。

人的心性不可认知，
顺其自然才是上策。
这样经过实践之后，
终生夙愿一定实现。”

授予灌顶和教诫，并予以加持，使之脱离世间八法之束缚，空明朗然的感觉悠然而生，成为大成就者。后来前往康巴，为民众做了宏大事业，临终之时化光而去。生前为了表示感谢，向热译师奉献了涂金《般若二万颂》（གསེར་ཕྱི་ཉི་ཁྲི）两部、金子5两、银250两、良马20匹、母羊及羔羊100余只。如此三次。

热译师利用这些物品，赎命、放生竟达500人（畜）；挽救许多犯人免受刑罚；向此地百姓大量布施济困；给所有塔庙、禅修处贡献供灯、哈达、会供等无数；在向各教派上师供奉时，一律不分大小，一视同仁。

之后，应果保（ཀོ་པོ）、恰（ཆག）、若措（རོག་མཚོ）、上梅、中梅、下梅（ཡུས་སྟོད་སྨད་བར་གསུམ）地方百姓的邀请，前往传法，受到欢迎，斋茶供养，侍奉者比以前更多。

热译师在到果保那天，发生地震，群山摇晃，眼看一些高楼就要倾覆，他把马鞭支在地上，说："停！停！"话犹未了，地震立即停止。在场的人均感惊奇，纷纷忏悔前愆，立誓行善。要求出家者、受比丘戒者很多。愿意修行者也有近1 020人。

在给民众进行灌顶和授课之时，四大天王、十方护法、八大天、八大龙王、八大曜、二十八星宿、九梵天等净居天神——七十五位护法神，各显身相，各司其职。在场的人都亲眼所见。

从彩色坛城中放出虹光，花雨缤纷，交相辉映，尽管放置了三个月，但丝毫未损，一尘不染。所有学生都取得了空明不二的证悟，觉明莹然，成为大智。

热译师从大的方面得到了诸如金、银、铜、铁、马、犏牛、牦牛；从小的方面得到了诸如布匹、酥油和奶酪等，数以万计。他把这些物品全部用在修建寺院、平息干戈、会供、祭祀上面。

在驻锡恰地期间，出现了彗星，热译师向空中抛去真言芥子，将其击为粉末。众人有目共睹。

一时，螺额梵天向热译师挑衅数次，但均未得逞。仍不死心，想钻到热译师肚子里再行伤害，就变成一个小虫飞到热译师嘴边，伺机行动。热译师入定吉祥大威德功法，从鼻孔呼出一股风，把螺额梵天一行吹到铁围山外边，不管他们怎样发功显神，也无法返回。无奈之下，向热译师乞求饶恕。热译师遂从眉间放出一道光，螺额梵天众才回到原处，皈依热译师，拜倒在脚下。

鬼八部众也前来兴风作浪，都被一一征服。热译师又得到许多供品。跟以前一样，聚集了不少学生，对他们进行灌顶、授课、发心次第、授记、秘诀等，他们风入中脉，个个成为洞彻圆明的得道高僧。给许多僧侣授了近圆戒。塑像、印造佛经很多。

在给一座寺院开光之时，从塑像和佛经中发出声音，左右摇晃，音乐自鸣，海螺自吹，如此瑞相不可名状。

在若措期间，给 2 000 名学生进行灌顶和授课，大家都掌握了妙好禅定，并亲见本尊天颜，功力无敌。热译师得到金、银、锦缎的供品无数。

那时，有一个法相师团体，他们心生嫉妒，其中年长的格西们聚在一起商议道："看来不把那个名叫热译师的坏家伙赶走，我们的事业就不会成功。从我们当中选一个精通因明学的人，把他驳倒批臭回来。"有个名叫若宛保（རོག་སྒྲོན་པོ）的格西，聪颖睿智，能熟背 80 部经典，答辩敏捷，出类拔萃。他前来找热译师辩法。热译师攥起一把土，给它赋予咒力，撒向对方，对方变成了一头驴，无论怎样折腾，也无法复原。经他的亲戚们的一再央求忏悔，热译师解除咒力，这才恢复人形。他惊奇之余，奉献了以 108 两金子为主的上乘物品，并请求宽恕此前的行为，要求授予教诫。

热译师授予甚深吉祥大威德灌顶和课程，他深感以前所习经法皆为皮毛，一钱不值；对于世事，远离戏论。

迨具备了一些神功，来到藏朵（གཙང་སྟོད），建立拉隆寺（ལྷ་ལུང་དགོན），给人和非人做了许多善事，最后得到隐身成就。

此事被若宛保以前所在的寺院知道，更加反感不敬，准备兴师动众，前来问罪。热译师提前就知晓了，即入水定，只见大雨倾盆而下，把土地和房屋统统冲毁，苍翠的林木在江中蠕动。对方见状十分惊骇，佩服得五体投地，请求饶恕罪孽，成为庶民或学生，来侍奉左右。

热译师重建寺院，设立三所依[①]。满足供应僧伽生活费用。建立契经和三藏的讲闻场所。敦促一切僧伽一方面注重戒律，一方面修炼生起次第和圆满次第，得道高僧不断出现。

之后，他分别前往上梅、中梅、下梅，为民众做了宏大事业，给许多人授予近住戒或近圆戒，用自己纯洁的佛法拯救人畜的生命，给愿意解脱者授予沙弥、比丘戒，并进行灌顶和授课，出现了证悟无比的学生近 6 300 名，6 个月内数以万计的供品源源不断。虽然聚集的人很多，但没有斗殴吵架，大家感到奇怪。他把所得供品一点儿没有私用，悉数用于各地塔庙的供品、密咒院和僧伽院的施舍以及穷人们的生活费用。

① 三所依：佛像为身所依，佛经为语所依，佛塔为意所依。

热译师又先后来到涅普（གཉག་ཕུ）、朵洛（མདོག་སྟོད）、那加（ནགས་རྒྱལ）和那普（ནགས་ཕུག）。在涅普期间，他来到一处悬崖峭壁的边沿，头戴五佛冠，手持法器，跳了一阵舞，便纵身跳下去。目击者都认为热译师肯定殉难了，正在这时，他像小鸟一样又飞回原处。大家不解地问："您为什么这样做?"他说："今天，我发现一个人将要坠下深涧的羊肠小道，为了解救他才这样做的。"众人更是起敬，供奉数以万计的金银绸缎。要求受近住戒、沙弥戒和比丘戒者无数。纯粹得到双运金刚地（ཟུང་འཇུག་རྡོ་རྗེའི་ས）的学生也有近 1 700 名。

在朵洛期间，有一位名叫若古·辛格（རོག་སྐུར་སེ་ཧྲི）的高僧大德，他已经得到不动地（མི་གཡོ་བ）成就。一天，热译师前去拜访他，正好赶上他给大众灌顶。热译师以厚礼相赠，殷勤侍奉。他说："现在，整个藏区盛传你是个得道高僧。我也对不动地具备了能力。我俩较量一下功夫怎么样?"热译师说："可以。"若古·辛格招唤黑云，降下重雹。热译师只吹一口气，就把冰雹化作水，并说："怎么样？比你的还不奇特吗?"接着开光雷电，连续七天电闪雷鸣。复又出定，眼前的一切烟消云散，天空万里无云。

若古·辛格非常佩服，虔敬不已，成为热译师的学生，并接受了灵验胜乐金刚（ཧེ་རུ་ཀ་མངོན་འབྱུང）和甚深吉祥大威德灌顶及课程后，大地震动，檀香粉末弥漫，香气充满山谷。若古·辛格得到有寂无别（འཁོར་འདས་གཉིས་མེད）的证悟，亲见无数佛界，并驾驭几种变化法力。后来，游历各地，为民众做了很多善事，最后化光仙逝。如此大彻大悟的学生有 1 001 名。

热译师还从教诲、发心的角度出发，为大众做了无数善业。他得到所需供品无数，悉数用于印造多部金银版《甘珠尔》，分别赐给各地寺院；制造土食子，修建千余座塔。

在那加期间，热译师给约700名学生进行灌顶和授予教诫之时，他自己变成大黑阎摩敌（དགྲ་ནག）、六面天（གདོང་དྲུག）和吉祥大威德群，大家有目共睹，并得到相应加持，静虑功德圆满，个个成为具备神通的大彻大悟者。给许多僧伽授予近圆戒，以接见、摩顶和说法的形式，使来访者收获不小。一个月内供奉斋茶者、要求会供者络绎不绝，所供物品几乎遍地都是。

在那普期间，使近1 000名具有根器的学生成熟解脱之时，天女撒下菊花，空中螺号声声。拯救许多人脱离邪恶，而趋入善业。他把所得到的数以千计的酥油、青稞、锦缎、氆氇作为经费，全部用于僧伽生活、布施民众、维修险道、赎命放生、建章立规等，善缘宏大。这期间，他运用神通，经常来回穿行于中梅的岩石之间，毫无挂碍；身体显为彩虹光团；脚印生出莲花。

此后，应邀来到羌（འཇང）地，大转法轮，鸿福美誉，如日中天，所得物品不计其数。民众挤满山川，经过说法，大家肃然起敬，纷纷膜拜，决心弃恶从善。出家者、受比丘戒者逾千名。

这时，有个名叫布尔·尼玛辛格（སྤུར་ཉི་མ་སེངྒེ）的人前来参拜，说："我智资钝昧，且多健忘，尽管曾多听闻事瑜二续①，书几乎被磨损殆尽，但最终还是一无所知，看来我是得不到广深的教育了。现在需要一个言简意赅的实践法，恳请授予我这样的一个教诫！"热译师说："噢，这样好。以前

① 事瑜二续：佛教密乘事部和瑜伽部的简称。

的高僧大德们就是依靠精要实践法才取得成功的。我也懂得很多法，但主要的还是集中修习了吉祥大威德后，功德才得以长进。所以，多闻不如一修。”说罢用道歌答道：

“利根诚信你听我言，
要想即生得到佛果，
勿持杂念聚精会神，
人法结合才是根本。

自古以来得道高僧，
不像猎人追赶野猪，
而是专心致志修炼，
如是得到成就机缘。

我也除了恒持专业，
未习其他显密论典，
但凭一个修所生慧，
其他经论不学自知，
觉知真谛似天无际。

非常难得宝贵菩提，
但对大师不在话下，
完全抛却杂念野火，

坚定信念才是正道。

虽说九乘各有重点，
吉祥威德才是上乘，
事实如此非我独行，
不然请看续梵[①]经典。

安乐合修现空无别，
静猛合修力度邪恶，
功夫易炼无需机遇，
自有甚深十三妙法。

此法关系文殊菩萨，
凸现诸佛智悲本性，
拉里达等大德涌现，
群英当中我心快慰。

清楚洞知空明本质，
虽然眼前浮尘万象，
但知它是心境虚幻，
不可想象自在圆融，

① 续梵：续部和印度经典。

大德当中我心快慰。

远离有寂真理自生，
物显法身无可选择，
执实思想毫毛不存，
禅师当中我心快慰。

空乐无别的瑜伽师，
执持寻思度于法界，
使之加行二无法界，
咒师当中我心快慰。

知晓三藏一切要旨，
掌握五道十地途径，
并非略懂而正取舍，
持律当中我心快慰。

违因和因现不悟因，
有寂藏识成与不成，
各派宗旨悉数了解，
格西当中我心快慰。

这些不是学而所知，
而是专修功德使然，
所以无需博学广闻，
记住要旨才是上策。”

言罢，授予吉祥大威德灌顶和教诫，并使其禅修，他亲眼看见了本尊天颜，证悟似矛刺空，毫无阻碍，一切佛典义理洞悉无余，神通变化无与伦比，成熟解脱了近800名学生，后来到了五台山，得到长寿持明①，至今仍在。这件事使热译师名声大增，近2 800名莘莘学子慕名而来，给他们授课后，个个洞悟无法言表的真实性，身、境、意（ལུས་སྣང་སེམས་གསུམ）三者融为一体，产生妙灵正觉，成为大智。

之后，热译师又分别来到纽（ཉུག）、果哲（ཀོ་བྲེལ）、巴多（བདོ）、巴普确垄（དཔལ་ཕུག་ཆོས་ལུང），为民众广做善事，得到的物品也比以前多。在每个地方也有百余名大彻大悟，并能独自导化众生的学生。各地土地神也进行侍奉。

在纽地讲法之时，从坛城中放出各种光芒，宝瓶中的水滚沸，供灯中虽无酥油，但常明不灭。

在果哲期间，正值隆冬季节，但在他所住的周围鲜花烂漫，泉水叮咚。马鞭一点地，就长出一棵果树，结出三种不同的果实。

在巴多期间，热译师看见一些狰狞凶猛的天神一边高声叫着密宗的“哌”（ཕཊ）字，一边翩跹起舞的景观，自己也飞上天空，舞之蹈之。大

① 长寿持明：修持密乘、证得成就者。明，密乘本尊大乐智慧，深入修习者可得三昧。

家虔信不已。

在巴普确垄期间，热译师给许多学生上课之时，很多鸟儿和野兽绕着法座转圈；每个听课者的耳畔响起了阵阵空行之歌。

又来到达那（རྟ་ནག），培养了很多学生。这时，有个名叫郭·寇巴列泽的译师（འགོས་ལོ་ཙཱ་བ་ཁུག་པ་ལྷས་བཙས），精通集密，名声很大。他说：“一切续部之王应该是集密，但热译师不但不闻此法，反而从尼泊尔的几个小班智达学到一些零星小法，这是起不了任何作用的。”对热译师进行诋毁。

一位学生说：“请导师不要这样说，那热译师的教诫也是殊胜的，别人哪有他这样的业绩？”导师不高兴，说：“蠢材，你什么都不知道，除了吉祥集密的教诫外，不可能再有什么其他的！”

“那么，热译师及其徒弟们有一套行之有效的加持力和功夫，而我们却没有，这是什么缘故？”

“我们不是没有本事，你且看来！”他针对热译师，做了一尊魔鬼俑像，活灵活现。

一夜，在热译师的住处出现了几个幻影，被服侍者看见了，问：“这是什么？”热译师回答：“这是郭译师在诅咒我们。”

“那么，怎样遣咒呢？”

“《续部》云：‘即使三败也无悔。’万不可轻率从事。”

过了几天，热译师让几名学生带上茶和金子之类的礼物，前去求和。但遭到拒绝，无果而返。

热译师不禁恼怒，说：“这个坏家伙给台阶不下，看来需要这个东西。”言毕，即入定吉祥大威德功法，并做金刚弯刀（རྡོ་རྗེ་གྲི་གུག）之业行。

过了一个月，郭译师身亡，灵魂被超度到文殊佛界。

达那地区有 300 座城市，居民们听说他们的上师被热译师害死，聚众发兵，叫嚷着“要杀死他”。但其中 100 座城市的百姓不愿跟随，说：“热译师乃高僧大德，曾依许多印度和尼泊尔的著名班智达，教诫优越，得道的学生也不少，证悟非凡，无论人或非人都奈何不得。福分广大，建立如此威严的封山育林律令，供奉梵、尼、藏三地的所有圣迹，提供一切僧伽生活所需，对我们俗人百姓也反复大量布施酥油、青稞。因此，我们虽然谈不上如何侍奉如此好的上师，但不能加害于他。”

于是，有 70 座城市（原文如此——译注）的人提兵前来，热译师抛出真言沙，那些人吐血而亡，武器折为半节。

这时，郭译师之前的那位学生来到热译师跟前，奉献了金子五两、银子 100 两、粮食 500 驮和配备鞍辔的马一匹，说：“我是久仰大师大名的。这次我虽然苦劝郭译师不要对您施咒，但他置若罔闻。今天，我愿皈依您，伏乞垂愍，授予甚深教诫！”

授予教诫，加以示范，使他对所有生起次第和圆满次第的奥妙洞悉无余，无修而证悟，廓然朗照（སྒོམ་མེད་ཀྱི་རྟོགས་པ་སྒོང་དུ་སྒྱུར་པ），亲瞻吉祥大威德尊容。后来，他培养学生 2 500 名，悉数悟道正果。临终之时，骨灰变成许多舍利，天女散花，天空充满虹霓。

以此为契机，郭译师的其他大部分学生也前来投奔热译师，大小寺院也归他所管。另外，热译师给近 4 000 名信众授予教诫，并使他们禅观，掌握了根本位和后得位相互依存的切合点（སྒོམམཉམརྗེསདངམབྲལབ），清晰分辨三世互不混淆。

这时，到处飘散馥郁芳香，仙乐悦耳。昆普巴（ཧེ་འཁོན་ཕུ་པ）大师也前来参访听法，得到无数修证功德。向会众说法，出现了无数信守斋戒、决不杀生、一心向善的人，愿意出家和受近圆戒者百余名。热译师得到不计其数的供品，均用于塑造佛像、印制经卷、调解不和、多次大量布施僧俗群众等。

此后，应雄雄（ཞོང་ཞོང）、梅措尔（མེ་ཚར）、萨普垄（ཟབ་ཕུ་ལུང）、史香（ཤིག་ཤིང）、同曼（མཐོང་སྨོན）等香（ཤངས）地之邀，前去传法。集会者人数逾万，不停地转法轮，抑恶扬善者无数，受沙弥戒和比丘戒者也有近 2 200 人。

热译师在给贾达尔桑（རྒྱ་དར་སེང）为首的 6 000 名集会者进行灌顶和授予教诫后，天女开始散花，似雪片飞舞，宝瓶口处声光大作，坛城中的彩色细砂变成宝贝团块等等，气象万千。与会信众都悟得真实同生（གཉུག་མ་ལྷན་ཅིག་སྐྱེས་པ）的道理，具备了驾驭威猛密宗的本领，能用期克印撼动山岳，可以起死回生，尽是如此大德。

他先后得到金印《般若二万颂》两部、大氅披风、碗、金块、松耳石 50 个、牦乳牛 30 头、马 25 匹等，全部用来修葺善逝的身、口、意塔，捐助别人有关的建筑，给一些缺乏生活费用的大禅师和缺乏学习用具的法相师提供援助，大量布施穷人，向雄雄等地的大小寺院隆重供应斋茶，建立布施和供养基金。

热译师在雄雄期间，向琼波（ཁྱུང་པོ）布施三万驮青稞，以建立法缘。六臂智慧护法兴妖作怪，被他慑伏，并作为奴仆使唤。亲见五续部坛城的尊容。

在梅措尔期间，一个九头妖魔前来挑衅，被热译师制服。火神大仙显出真身，答应帮办佛业。

当来到萨普垄时，许多兀鹫前来迎接，知为空行女化身。于此地做静猛会供时，亲瞻静猛二神密藏尊颜，又见二大邬金天女为会众加持的情状。

这时，从一座岩石旁边流出一股甘泉，具备五种功德，无论人们怎么饮用也不穷尽，着实奇特。

在史香期间，当举行盛大烧施时，火焰金色，八瑞呈祥，烟变成五色彩虹，炉内的彩色细砂依然艳丽，祥兆无数。

在同曼期间，热译师被360位吉祥金刚护法神团团围住，纷纷说：“请光临舍下！”顶礼绕匝。如请答应后，他们高兴而去。

不久，上下欧优（འུ་ཡུག）地区的人们前来邀请热译师，迎接仪式隆重热烈，人群熙攘。他先后到达欧优、桂宛（ཀོས་སྟོན）、桑采（ཟམ་ཚར）、当玛（ཉིང་སམ）、僧堆（སིན་འདུས）等地方，大转法轮，导化无数民众步入纯白善业之道，使之具备菩提心境；授予甚深吉祥大威德灌顶和教诫后，出现了烦恼清净与知障清净，空性与慈悲双运的经验纯熟的善根学生近2 000名。

在此期间，虹霓氤氲，天女散花；宝瓶内的水自然滚沸，溢出外面；朵玛食子燃起火光，照亮沟垄，众皆愕然。

在桂宛期间，某天中午，来了一位女子，只见她身穿锦缎，项戴金子和松耳石的首饰，手拿箭彩和一面镜子，对他顶礼膜拜，绕行一周后，说：“我叫多吉玉仲玛（རྡོ་རྗེ་གཡུ་སྒྲོན་མ），是护法大神之妻，今特来恭请您！”

热译师跟随其后，来到桂宛地区的一座岩石前面，只见有一道以前从未有过的大门，门开处是一片芳草地，百花争妍，其间有一座宝殿，富丽堂皇。这时，护法神众倾巢而出，对他进行盛大供养，并呈送莲花生大师在给护法神授予马头明王和手执金刚灌顶时的坛城、法器等一应圣物，以及许多法财之宝藏。

他给护法神众授予吉祥大威德灌顶。为了谢恩，他们献供金子、犏牛百驮。住了三夜后返回。之后向上中下欧优的老百姓布施了金子，印造金版《甘珠尔》，塑造大小金身。

在欧优的普噶（ཕུ་དཀར）期间，风神七兄弟俯首称臣，罗刹女三姐妹甘拜下风。在一匹马的牙齿上面显出许多神像和舍利（原文如此——译注）。

又应娘堆（ཉང་སྟོད）、娘迈（ཉང་སྨད）、娘雄（ཉང་གཞུང）等地的上师、豪绅、僧伽和施主们的邀请，前往传法。用正法训导无数大众，使所有僧伽一方面遵守戒规，一方面掌握生起次第和圆满次第的实践经验。

在娘堆、娘迈和娘雄期间，3 000 多名根器不一的学生前来皈依，经授予灌顶和教诫后，他们坚定了对生起次第和圆满次第的信心，一个个成为惟一降暴为奴的执金刚者。

这时，在大家的心目中，热译师身显琉璃色，一副瑜伽师的打扮，胸挂骨饰。无论从密林深处，还是从高山土石，都传出喃喃法声，连续七天不断。天空降下红花之雨。

一名官人身患麻风病，生命垂危，给他授予灌顶和教诫，并让其禅炼，经过一年后，麻风病痊愈。为了感恩，送了一颗名叫花聚的红松耳石，价值600两银子。后来，抛弃家庭，专心修炼，成为一名得道大德，为民众做了许多善事，最后驾虹而逝。

一名叫藏·擦嘉（གཙང་ཚོ་ལྕམ）的女子四肢残疾，不能活动，热译师前去授予灌顶和教诫后，逐渐康复，并得到成就，心想事成，万事顺遂。后来，广泛为民办事。最后前往邬金国。

就这样热译师身体力行、率先垂范地为广大民众做善事，得到了诸如金、银、锦缎、酥油、青稞、氆氇、棉布织物为主的供品数以万计，全部用于塑像、绘制唐卡、印造佛经、修缮旧寺、新建寺院、上师和僧伽们的生活费用、布施乞丐等纯真事业方面，连一升东西也未私留过。

应牧民之邀，前往东赫（སྡོང་ཧེ），接受了黑、白帐篷70顶、牦乳牛300头、牦牛800头、狗三条等供物。给他们说法后，出现了很多弃恶从善者；以灌顶和授课的方式成熟解脱了百余名学生。

热译师向人们显示幻化：只见对所献的一钵牛奶进行加持后，成为百味俱全的琼浆玉液，气泡上面尽显世间万象，人们连续七天饮用，也不穷尽。

应金刚永宁母（ལྷ་མོ་རྡོ་རྗེ་རབ་བརྟན་མ）之邀，热译师前往尖贡（རྒྱན་གོང）地方，大转法轮，使许多民众步入善道，其中得道者无数。之后，又来到纳唐广场（སྣར་གྱི་ལྷས་མོ་ཆེ），广为民众做善事。获得不可思议的法财。

这时，察（ཚལ）地有一位道行高超的比丘，名叫楚保（ཚུལ་པོ），他患肾型水肿，卧床不起，已逾四个月。大家都认为他必死无疑。热译师给他授予灌顶和教诫，并让其修炼病魔窗口所缘功（ནད་གདོན་སྐར་ཁུང་མའི་དམིགས་པ），没过三日，水肿消退，完全康复。患者被大为折服，把所有的东西献给了热译师，自己则一心修禅，产生殊胜感悟。之后，收徒传法，使他们趋入成熟解脱之路。最后，从头顶升起一股光芒，足有缸那么粗，随即圆寂。（火化之后）从心、舌、眼三处出现很多舍利。

在哈保岗桑（ཧ་བོ་གངས་བཟང）静修时，岗桑夜叉前来兴妖作怪，热译师一结期克印，雪山立即底朝天。夜叉一行见状大惊，请求宽恕，改邪归正。

于是，又来到贾仲（བརྒྱ་སྒོང）地方，无论从法，还是从物质方面，都为民众做了广大善事。加龙·确扎（རྒྱ་ལོང་ཆོས་གྲགས）和加·达玛辛格二人献上一匹鞍辔加身的白色千里驹后，说："我俩起初是法相格西，曾经以理驳倒许多学者。但无阻止死亡的把握。因此，曾向加·普布（རྒྱ་ཕུར་བུ）和伏藏名师扎巴（གཏེར་སྟོན་བཟང་པོ་གྲགས་པ）请教过许多大圆满法和有关修禅理论，并进行禅思，但杂念依旧，不能空寂。您是著名译师，恳请垂爱我等！"热译师吟唱道歌道：

"这个自然思想智慧，
是否有无不可名状，
本来非有而自性空，
非无非灭而是空明。

不是自空而越我执，
不是他空知执无垢，
不是恒常没有处所，
不是断折无有方隅。

这不是生你我不显，
这不是灭智光自显，
没有明执障所不成，
这非有为自然天成。

未识面目执著外境，
近因顽固而生贪嗔，
无法根绝而见自解，
幻觉清净而生智慧。

怙主佛陀无明众生，
自有无垢有垢之分，
所谓有垢只是执意，
一旦摒弃立即成佛。

佛陀自有清净智慧，
瑜伽自证空明无瑕，
芸芸众生烦恼自生，
所有这些渊源于界。
他日亡时归隐于界，
皆因智慧无法取舍。”

言毕，授予吉祥大威德灌顶和教诫，并让其修炼，使他清净了所修应修之执著，而产生殊胜感悟，亲见吉祥大威德尊颜。之后，培养学生约 2 000 名；征服许多忤逆。加龙·确扎驾虹而逝，加·达玛辛格证得持明。

热译师又到上下达尔（འདར་སྟོད་སྨད）、项芒（ཤིང་མང）、药王山（ལྕགས་པོ་རི）等地，从灌顶、教诫和布施三方面着手，使许多信士成为菩萨，调解争端，赦释囚徒，建寺造塔很多。

在进行灌顶时，彩虹当空，天女散花，香烟之顶出现金字，且发出诵读声，充满苍穹，此等瑞兆不计其数。

在每个地区，得到成就的学生至少出现了 500 名。在驻锡夏麦滩（ཤབ་སྨད）期间，后藏普遍发生灾荒，老百姓都请求热译师设法解决此厄，热译师说：“你们牵来两头白犏牛和一架犁！”

大家遵照吩咐送至跟前。他做耕种状，手印女白玛措（ཕྱག་རྒྱ་མ་པདྨ་མཚོ）播撒青稞，顷刻间长出禾苗，绿油油满地。每年产出青稞 100 驮，其味道鲜美可口，香味无比，大家十分满足。那叶子和秸杆被牲畜吃了后，膘肥体壮。早上收割后晚上又恢复如故，晚上收割后早上又恢复如初。后藏上下的人们都来食用，这样过了一年，仍未穷尽，灾荒自然消失。

但到后来，这地方被后藏上游的人们占为己有，故引起纷争，这些庄稼就没有了。现在，这地方仍叫尼塘（ནས་ཐང），意即青稞滩。

在驻锡曲沃日（ཆུ་བོ་རི）期间，伏藏师项晁（ཞང་ཁྲོམ）遵照邬金仁波切（莲花生大师）的授记，专程前来拜谒，并呈送亲自发掘的经卷。热译师说：“这些经卷的来历是这样的：当你曾经名叫如苯·桑杰益喜（སྤུངས་པན་སངས་རྒྱས་ཡེ་ཤེས）之时，我也是印度的阿阇梨，名叫祖拉华格（གཙུག་ལག་དཔལ་དགེ），给你授予许多教诫。这些你可曾记得？”

“什么也不记得。”

“看来你被胎藏晦气所蔽，需要祛除。”

说罢，授予吉祥大威德灌顶，揭开眉巾①，使他看见了许多以前从未见过的风景及塔庙。（这些景物似曾见过）想来想去，才知道是印度的地方。因此，清晰地回忆起了许多以前曾经经历过的地方。当灌顶结束之际，看见从热译师的胸口射出一股光团，与此同时，自己顿时感到全身一阵疼痛，随即晕过去。

待苏醒后，觉得自己已经证得无漏先知和神变之功，并见热译师显现为吉祥大威德坛城。热译师拿着伏藏品给伏藏师灌顶，使他领会所有经义。祖拉华格与文殊命主（འཇམ་དཔལ་ཚེ་བདག）互相拜访。热译师又从伏藏师处接受灌顶。

一天，师徒二人从尼塘中部出发，去上游散心，发现水源奇缺。热译师说：“我可在此地挖掘108处泉眼，你们意下如何？”伏藏师的一个随从说：“108处倒不必要，只求挖掘一处。”热译师以稍为愠怒的样子，把脚一顿，立时冒出水来。现仍在。

之后，应措果（མཚོ་སྒོ）地方的邀请，前去传法。聚会者约有3万人，举行了盛大法事后，许多渔夫、猎人前来悔罪自新。决心念经者、赎命放生者、恪守十五日、三十日和初八日戒者不计其数。其中很多人受沙弥戒或近圆戒。给以措果娃·索南巴娃（མཚོ་སྒོ་བ་བསོད་ནམས་འབར་བ）为首的近3 000名学生进行灌顶和授课，全部证得风心无二功法。

① 眉巾：密乘灌顶入内坛场仪轨之一。揭去弟子额间所系代表无明二取导致盲昧的蒙面巾，同时象征永断无明，本尊体性明智从而如实显现。

那时，把坛城内的彩色石子带到海边，立即从海里出现两个被青蛇缠绕的龙女，向热译师献上鲜花、右旋海螺和许多水晶后，将彩色石子顶在头上复入大海。此情此景，有目共睹。

在回来的路上，当经过朗阿岭（ཐང་ང་སྒྲིང）山野时，天已黑了。热译师身体疲惫，取出金刚橛，钉入地下。霎时，出现美丽的房屋和各种生活用具。师徒一行下榻，晚饭丰盛，任意享用。清晨起来，吃过早饭，拔出金刚橛，那些房屋和用具似虹逝去，众皆愕然。

之后，他到拉普（ལྷ་ཕུ）雪山稍作静修。当时，雪山女神侍奉左右，并献上一个盛满珍珠的珊瑚宝瓶，后请受菩提发心法。

在仲普（འབྲོང་ཕུ）期间，给广大僧俗群众进行灌顶和授课之时，整个沟垄充满香气，由五色彩虹组成的八宝图充满天空。在学生当中出现了数名禅功佼佼者。

又到达那（སྟག་སྣ）地区，讲了很多法，使很多信士成熟解脱。经过灌顶后，盲人复明、聋子复聪者居多。授课之后，他们洞悟真谛，死后火化，没有一个不留下舍利的。

这时，一位名叫达巴喀且（སྟག་པ་ཁ་ཆེ）的著名格西前来辩法，被热译师有理有据地彻底驳倒，并用双手抓起两座山来代替开辩声①，山被击为粉末，飞出老远。这开辩声如同霹雳炸响，天地摇曳，格西被震得昏过去。待苏醒后，豁然开悟，产生强烈信仰，请求宽恕此前冒昧辩论之罪过，要求授受灌顶和教诫。热译师视其为利根具器者，予以加持。他闻法后外疑消除，禅修后内疑根绝，成为大禅师，如同雪山狮子。此后，为民

① 开辩声：即辩论佛教之时，高长念颂文殊菩萨种子“དྷཱིཿ”字母以示辩论开始。

众做了宏大善事。临终之时，驾虹而逝。

热译师到果尔茂（མགུར་མོ）集市，做了广大善业。这时，一位名叫宇妥达保（གཡུ་ཐོག་དར་པོ）的名医说：“我们的宇妥·云丹衮波（གཡུ་ཐོག་ཡོན་ཏན་མགོན་པོ）曾在这里降下藏青果雨。您也从许多印度和尼泊尔大师处听了法，并得到成就。今天，您就演示一下吧！”

热译师稍作考虑，连续七天降下松耳石、珊瑚和小豆之雨。集市上的人们纷纷起信，所献供品，堆积如山。信法者不计其数。这位医生非常信服，奉献许多茯砖茶、马胄和锦缎等后，请受教诫。灌顶和授课之后，他得到殊胜成就，洞见俱生智慧，从医和法的角度，为民众做善事无数。后来去世，遗体火化时，没有留下血肉的灰烬，全部化光而去，只见从火焰中折射出彩虹，瑞象环生。

热译师到江孜（རྒྱལ་རྩེ）上中下地区，受到当地百姓的盛大供养。发誓不杀生者、念经扬善者很多。受沙弥戒和近圆戒者逾百。

这时，有一位名叫岗·恩札华（སྣང་ཨེ་ཛྙ་དཔལ）的新密信仰者，博学多才，前来拜访，经过一番论法后，他问：“正规信仰佛法，可得到与日月一样的功德。但如实执行的人却很少，这是什么缘故呢？”热译师用道歌回答：

“呜呼一切六道众生，
无明习气根深蒂固，
依法行者没有几个，
一直痴迷不善恶业。

尽管讲修怎样发达，
与众不同只有几个，
多数本质如木僵硬，
通人奇缺如此而已。

六道众生虽然很多，
没有一个不为父母，
但是对此执迷不悟，
只因反复取舍轮回。

创造身命的父母们，
无不疼爱自己儿女，
但是儿女知恩不报，
只因绝情寡义所致。

除了报答父母恩典，
没有一个善根可言，
但是平日忘恩负义，
只因对法没有信仰。

天下所有父母本质，
没有诤讼贪嗔对象，

但是有个不顺心者，
那是我执寻思作祟。

芸芸众生一模一样，
没有一个不求安乐，
但是缺乏仁义道德，
都是因为你我争执。

六道众生轮回世间，
除了苦难一无所有，
但是仍然不发慈悲，
只因胸中大义泯灭。

不能为人带来意乐，
哪能普度天下众生，
究竟何因难发意乐？
只因二种资粮缺少。

没有戒律无三昧耶，
难有一个好感悟者，
究竟何故不守戒律，
只因不懂佛法要旨。

不依神圣三摩地法，
未能遣除下等习气，
为何不修生起次第？
只因执著得失所致。

不谙风脉明点三法，
哪能证得圆满次第，
为何不炼风脉明点？
只因看见狡猞聒噪。

虽然产生各种幻象，
但无一个证悟真谛，
为何不能依法修炼？
只因自己愚昧痴蒙。
这个麻烦十一小调，
作为格西你的答复。”

岗·恩札华说：“大师所言即是。”崇拜不已，头面礼足。

于是，热译师给以他为首的千余名学生授予灌顶和教诫。与此同时，从宝瓶口中升起各种光焰，天空中布满光环的祥云，从中降下如雨的佛像和文字，祥兆纷繁。所有学生清净二现[1]，明显产生无修的感悟。

在这里，热译师又得到诸如金、银、锦缎、果品包等供品数以万计，

① 二现：承认内心和外境分别存在的感觉。

全部用在供奉三宝和布施民众上面。

之后，热译师到洁垄（སྐྱིས་ལུང）地区，拜访宿协（ཟུར་ཆུང）的弟子杨侃（ཡང་ཁེན）——号称四大柱之一，热译师向他献上 50 匹绸缎及近百包茯砖茶，长时间进行叙旧论法。

但是，杨侃暗自思忖道，这个热译师虽然向我送了礼物，但没有磕头。他的想法被热译师洞察，说："我若磕头，你是受不了的!"

说罢，向平时修炼长寿仪轨的坛城作了礼拜，水罐倾覆，水洒满一地，怎样收拾也无济于事。又入定三摩地，并进行加持，罐又恢复如初，水又盛满罐内，且性能比以前更好，不宜倒地，永不破碎。

杨侃大为惊讶，决定撤去自己的座垫，摒弃骄傲，让热译师坐在高座之上，并献上甘蔗包和大量金子后，请受教诫。热译师授予吉祥大威德灌顶和教诫，使他同时完成证悟和解脱，让他领会三摩地定的几个旨要。之后，他为民众做了无数善事。（逝世后）液体（明点）中出现文殊菩萨像，骨灰中清晰显现梵文"德"（དྷཱི）字和"吽"（ཧཱུྃ）字。

因此，当地百姓产生巨大信仰，纷纷进行服侍和盛大供养。热译师对百余名希望解脱的学生进行了灌顶和授课，使他们全面获得证悟。

热译师应詹玉娃·仁钦札（ཟན་ཡུ་བ་རིན་ཆེན་གྲགས）之邀请，在夏鲁（ཞ་ལུ）建立法轮。向广大集会者宣讲菩提发心法；把很多人引向善乐之道，恕罪忏悔者和放弃杀生者无数。

热译师给以詹玉娃格西为首的近千名学生进行了灌顶和授课，大家均自然而然地产生无寻思智慧（རྣམ་པར་མི་རྟོག་པའི་ཡེ་ཤེས），驾驭昼夜之幻象为一体。

自从灌顶和授课开始至结束期间，每天虹霓熠熠，光明融融，花雨霏霏。夜间，许多空行女前来绕匝顶礼，喃喃祈祷，在场的人都耳闻目睹。法会结束后，詹玉娃格西奉献了以金版《般若十万颂》10部和光泽依然的平装版《般若十万颂》16部为首的数以万计的供物。这些物品全部用于修筑山路、赎回囚徒、平息战乱等。在尊者（如来佛）像前献上价值优良的袈裟和供灯。给僧伽们供应丰盛的斋茶。

应努琼巴（སྙབས་ཆུང་པ）医生之邀，前往科垄（ཁྲ་ལུང），广泛弘扬佛业。在努地的沙鸡沟，给近700名咒师授予灌顶和教诫时，大家只见热译师面呈紫红色，头戴五佛冠，身穿咒师衣，把长腰鼗鼓抛到天上，在下降过程中自己发出响声，直至落地；把内供颅器连续七天倒扣一旁，不见流出一滴水来。就这样演绎幻化。以琼保普热（ཁྱུང་པོ་ཕུ་རི）为主的700名学生一律得到成就。在这里又得到诸如金、银、马胄、松耳石等数以万计奉献的物品。

在驻锡努地的笨措东（སྙབས་འབྲུམ་ཚོ་གདོང）期间，善业浩荡。有几个咒师对他心怀嫉妒，专门修炼阎罗恰嘎法，狂傲嚣张。有几个人对热译师暗示道："他们这样对待您，您应该想法遣咒。"热译师说："这无须害怕，一切众生生命的死敌是阎罗，而超度阎罗的克星是吉祥大威德。因此，不管阎王爷的本事再大，对我也并不怎么样。"

正如所言，五天过后，那些放咒的咒师们中风而亡。咒师们的老婆来到热译师面前，痛心疾首，追悔请罪。热译师说："那么我可以复活他们。"对尸体赋予灵魂，他们重又复活，既往不咎。大家愕然，纷纷成为施主和学生。在这里，又进行了法与财的大量供祭，出现了证果得道和能力超群的学生约 200 名。

在努地的科垄，又被努琼巴（སྣུབས་ཆུང་）医生邀请去，奉献马、犏牛、牦牛和羊近千头（只），用以建立法轮。把无数众生引向菩提之道。有些人交出刀弓，发誓今后不再杀生。在给以努琼巴为首的 5 000 名学生授予灌顶和教诫时，画像发出笑声，左右摇摆，从灌顶物中放出万丈光芒，五佛像、种子、许多法器隐显其中，众人亲眼所见。所有学生产生乐明无瑕的妙好感悟，自行解脱，得到殊胜成就。

又到绒仁蚌（རོང་རིན་སྤུངས）、绒贡拉（རོང་གོང་ར）、绒冉巴（རོང་རན་པ）、绒耶德（རོང་གཡག་སྡེ）等所有农业地区，受到各地人神的服侍，供奉物品，多不胜数。给他们宣示大量佛法，播下解脱种子。从各地出现了出家者和受比丘戒者 500 名，产生证悟的学生也很多。

在驻锡绒仁蚌期间，有一个名叫项·策蚌确（ཞང་ཚེ་སྤོང་ཆོས）的法师，是个精通法相的大善知识，他也前来参加法会。热译师让人以茯砖茶等进行热情招待，他高兴之余，前来拜访。经过一番论法谈道，大善知识甚为惊叹："您这样大名鼎鼎的译师，娶妻做甚?"热译师说："她是成熟风、脉、明点的道友。"

"熟谙风、脉、阿（明点）有何功德?"

"熟谙它有如此功德。"用道歌答道：

"顶礼膜拜一切上师，
恳请加持消除错乱。
你这满腹经纶大师，
问我熟谙风脉明点，

将会带来什么功德，
它的功德如此这般。

人身主要归纳起来，
脉路共有七万二千，
二万一千风脉运行，
明点分内外密三处。

脉又分为男脉女脉，
加之慧脉共为三条。
男脉充满菩提月亮，
谓之精脉处在左侧；
女脉充满经血太阳，
谓之血脉处在右侧；
慧脉亦叫中观脉络，
端端正正处在中枢。

顶颈心脐四个部位，
分别住着四个轮子，
极乐轮子和享受轮，
法轮以及神通轮子。

要问头顶脉瓣何状，
恰似辐轮三十二条，
因为住着极乐菩提，
所以称为极乐轮子。

颈部脉瓣有十六条，
均以莲花形状呈现，
因为享受食物等味，
所以称为享受轮子。

心间脉瓣共有八条，
均呈交杵金刚形状，
心境不定为法本质，
所以名人称为法轮。

脐间脉瓣二十四条，
模样恰似宝瓶形状，
命运变化儿女轮转，
所以称为变化轮子。

从此分出多少脉络？
上身共有三千五百，

下身也有三千五百，
好像蘑菇内的菌褶，
因为住着血肉思想，
所以称为依赖之脉。

风脉分为持命下行，
等住上行遍行五条，
持命风白住在心间，
具体主管性命寿数。

下行风黄住在肛门，
主管大小便与精血；
上行风红住在颈部，
具体主管饮食语言。

等住风绿住在脐间，
具体主管消食行乐；
遍行风青充满全身，
具体主管行动举止。

从此分出许多小脉，
有二万一千九百条，

土脉二百二十五条，
水脉二百二十五条，
火脉二百二十五条，
风脉二百二十五条，
四条脉络一天一夜，
各个必行三十六次。

又有五条分支风脉，
行与普行必须运行，
非常运行和正运行，
呈红蓝黄白绿五色。

烦恼智慧摇摆不定，
所以称为动摇风脉，
明点分为两种形式，
世俗明点胜义明点，
精液分为红白两种。

要问胜义明点何状，
那是不变风心明点，
恒常安乐布满全身，
叫做布设菩提心脉。

脉如达到一定程度，
彻底根除断之错谬；
风如达到一定程度，
彻底根除四边错谬。

如果谙熟风脉明点，
无疑证悟法身意旨，
报身轻而易举实现，
化身自然而然成就。”

善知识不禁肃然起敬，请求宽恕，投身名下。给大善知识授予灌顶和教诫，错误冰释，成为大智，后成熟解脱近千名学生，化光而逝。

这样，一传十，十传百，追随的学生蜂拥而至，集中了近 8 000 名学生，又在给他们授予灌顶和讲课之时，彩虹横空，天女散花（细雨霏霏），众皆产生良好证悟。

在贡拉（གོང་ར）期间，慑伏尸体女魔一伙。给以绒巴贾列（རོང་པ་རྒྱ་ལེ）和布尔赞札（བུར་ཙནྡྲ）为首的85名学生授予教诫后，个个对幻身梦境之术驾轻就熟。

在仁乌巴尔（རབ་འབར），又以灌顶指教解脱了奇特的学生近 200 名。

那时，碧空万里，天际白云缭绕，中天出现五只金瓶，显为宝筐，从中流出像奶乳一样的甘露，众人可以品尝，妙不可言。

在耶德（གཡག་རྡེ）授予灌顶之时，坛城与天空的五色彩虹连为一体，其间有佛像、法器、天然字穿梭来往，无数空行女集中听法，地上的人都亲眼目睹了这一奇观。

有一位名叫坚参华（རྒྱལམཚནདཔལ）的僧人，久患胆病，（病重）奄奄一息，热译师让其修炼金刚结解（རྡོརྗེམདུདགྲོལ）之功法，病患痊愈，后来专心禅炼，驾虹而逝。

尼姑嘉华确仲（འཇམ་དཔལ་ཆོས་སྒྲོན）得了哮喘病，以犄角记忆法（རྭ་རྩེའི་སེམས་འཛིན）治愈，后从事修禅，成为离却错误之超凡女。得到此等成就的学生有百余名。强行制服病魔者也很多。奉献的礼品有马、犏牛、氆氇等不计其数。

那时，有个名叫夏·贡嘎多吉的译师，起初精通宿喀宁玛派，中期精通新密，后期精通因明学，曾亲眼目睹五十八饮血金刚和胜乐金刚亥女显灵，在耶德上方闭关静修。热译师带上八钱金子前去拜访，呈上金子。他说：“你莫非叫做热译师的那人？”

“是。”

“你懂得什么知识？”

“我除了吉祥大威德外什么都不懂。”

“译师，如此窘迫，哪能行？我学习了旧密新密和因明学等，现在仍感不足。”

“这也难能可贵，但我看到了如下情况。”说着唱起道歌：

“发祥妙欲尼国腹地，
有个寺院叫尼玛当，
供奉守卫吉祥燃灯，
诚心祈祷给予加持！

尽管懂得多少显密，
法与本性如不结合，
死时成为骗人之物，
懂得道理就是这样。

扬己损人骄傲狂妄，
无端远离又装亲近，
死时只有昏然不觉，
这个因明也似骗人。

随意摒弃自己心性，
外境身口打入监牢，
执真错觉患得患失，
这个僧人也像骗人。

没有任何生圆瑜伽，
由于贪嗔而施行度，
享受佛食游历村头，
这个咒师也似骗人。

没有暖功恣意胡为，
变着法儿欺瞒他人，

沉湎酒色当成主业，
这个瑜伽也像骗人。

游荡村庄道貌岸然，
单独一人蒙头大睡，
喜欢泡在歌舞当中，
这个禅师也似骗人。

嘴上说着拿血拿肉，
内心执著比谁严重，
一遇困难捶胸啼哭，
这个断法也像骗人。

对于外境浮尘幻华，
无缘无故找岔揭批，
未予授记偏执观点，
这个观点也似骗人。

成熟灌顶解脱导训，
一个也无盲目修炼，
一切现象均执为谬，
这大手印也像骗人。

不知区分不知就里，
唉声叹气言行粗俗，
说着断边却修断见，
这大圆满也似骗人。

这是错误发生症结，
那么何谓无谬功德？
凭着三种正确理论，
如理区分法与非法。

了知尘缘解脱道理，
如是领悟才是因明，
洞见因果无欺情况，
内心贪嗔错念自消。

发奋修炼外境不善，
如是领悟才是圣僧，
对于生圆无二瑜伽，
彻底熟悉保持不变。

无执当中加行渡脱，
如是领悟才是咒师，

洞知心性本来面目，
乐明状态没有执著。

造想法想毛纹消失，
如时领悟才是瑜伽，
死亡无常打动心灵，
专心修炼标准圣法。

了解妙欲为魔伎俩，
如是领悟才是大禅，
心中升起空性慈悲，
偏爱幻身绳结自解。

能把坏事变为意乐，
如是领悟才是断行，
了证五蕴形成自身，
才能看见无实空性。

因缘和合世间万象，
如是领悟才是中观，
同生共存三种模样，
知为水与波浪一般。

一切现象皆显法身，
如是领悟乃大手印，
不可想象推理区别，
双运之行探知妙旨。

无论做啥首行自解，
如时领悟乃大圆满，
本人不才知识浅薄，
但知大论汪洋大海。
对于甚深威德金刚，
达到炉火纯青功德！”

夏译师不禁肃然起敬，结束静修，邀热译师至内，行无数大礼后，说：“喇嘛仁波切乃举一反三之成就者，我有眼无珠，出言不逊，忏悔罪过，今后悉遵所诣，请大发慈悲，授予我这个教诫吧！”使之如愿以偿。

译师贡嘎多吉（ཀུན་དགའ་རྡོ་རྗེ）来到家乡，为了迎请热译师，做了大量准备工作。从绒俄穆（རོང་ངུར་སྨིག）来了迎请者，先去了绒俄穆。此地僧俗群众恭候奉茶，献犏牛、马、牦牛、氆氇、花、铜、哔叽等应有尽有的大礼。集会人数近 5 000 人。通过对他们宣示佛法，出现了无数摒弃罪孽者、受戒者和发誓行善者。聚集了以绒巴·关确本（རོང་པ་དཀོན་མཆོག་འབུམ）为首的学生约 1 200 人，授予吉祥大威德金刚灌顶和教诫后，都产生了特别证悟，烦恼自消。

这时，雷声响起，地动山摇，彩虹道道，阳光斑驳，花雨缤纷，仙乐大作。把所得到的物品都用来供奉当地僧侣，布施民众，赎命放生等。

在向三所依，特别向赤褐度母敬献哈达，面部涂金，置办供灯等大量供奉之时，从度母的手心流出像奶子一样的甘露，这样出现了三次，不管谁品尝，都产生优越三摩地功法。

代表贡嘎多吉译师的迎请者前来，故热译师去了夏·确垄噶茂（དབྱུལ་ཚོས་ལུང་དཀར་མོ），僧伽们列队欢迎。经过弘法，聚集了无数男女信众。仅出家人也有约三四千人。把他们从非善中挽回，引向解脱之道。给饥者施食，给渴者赐饮，给贫者施财，给病者送药，赎回押往刑场的死刑犯。从法与财的角度出发，做了大量民众事业。（这些人）此生做了许多有益之事，出现了很多找准后世路途之人。

在向以贡嘎多吉译师为首的学生约 200 人授予灌顶和教诫之时，热译师之身时而显为光环，时而显为明点，时而显为法器，时而显为文字等。从一切灌顶物中发出琅琅密咒声等数种奇兆。

夏译师执著之绳结自解，心中产生不可名状的感受，目睹吉祥金刚大威德等所有忿怒金刚显灵，后来成熟解脱无数卫、藏、康三地学生后，化光而逝。其他学生也都深谙乐暖之功，气移手指等产生特别证悟。弘法一结束，译师贡嘎多吉为了答谢热译师，奉献了以刚刚刊印而油墨散香的《般若经》三套（六部）为主的金、松耳石、马胄、鹅黄茜草、布匹、氆氇等物品无数。

之后，被大绒宛邀至绒宛玛尔，举行了隆重的欢迎仪式。前来朝拜的信众挤满了山沟，通过宣法，把他们引向弃恶从善之路。出家者、受比丘者有近 2 500 人。尤其向以大绒宛为首的学生约 900 名授予灌顶和教诫后，连续七日虹帐不散，果树提前结果并成熟，禽兽结队绕匝。以大绒宛为首的所有学生从二现中解脱出来，成为独一无二的先知大智者。

向热译师连续两次奉献了金身、银身、唐卡、灵骨塔、金升、银升、锦缎等数以万计的礼品，把藏有数以千计佛典的宛玛尔经堂及属寺、寺属村庄也悉数献上。热译师把所得大小物品一个也未留，每年都用在修缮旧神像、新建寺院上面，向卫、藏、康三地的所有大小寺院斋茶赠礼，向一切神像奉献大量供物，对一切有情一视同仁，布施财物；制定禁山、禁沟、禁路法规；调和纷争，赦赎囚犯，甚至不遗余力地操持建桥通航以内的伟大善事。

于是，长期住在此寺，在此沟的上方修建禅院，在中间修建讲院，在下方修建密宗院。从授予灌顶、教证、授课、秘诀等方面着手，大量弘法。出现专心修炼者约 500 名、专心讲闻者近 8 000 名。

因此，普天之下瘟疫灾害、战争口角大为减少，雨水较前充沛，收成一年比一年好，所有民众幸福安乐。

61 岁时，有一天，此地百姓迎请热译师。只见佩戴骨饰的五位空行女前来，她们分别为白、黄、红、绿、蓝五色，随着簸鼓的“咚咚”声，翩跹起舞，这样歌道：

“我等来自金刚座前，
来自那烂陀洲附近，
尊敬的喇嘛多杰札，
难道不来迎请师父？”

歌罢，全无踪迹。

第十二章　二赴印度

热译师因想，我师曾说过“三年之后前来迎接。”以上歌舞让我忆起往事，遂决定再入印度。后藏的百姓、权贵、僧侣等都说路途艰险，加以劝阻。热译师用道歌回答：

“本人就是威德金刚，
具备日行千里本领，
即使三界与我为敌，
镇定自若丝毫不怕。

那个印度黑布日那，
对我无奈自缢身亡，
尼南智氏三百之众，
被我统统消灭干净。

有个琅拉项曲多杰，
运法降下金刚橛雨，
没见朝我专门袭来？
被我反而把他剿灭。

本人就是忿怒护法，
也是不变金刚钻石，
只有本人消灭异己，
彼方对我无可奈何。

虽然世俗骄横粗野，
但是都被本人驯服，
所以然者我意已决，
希望大家不要担心。”

当大家听说热译师要去印度，所有学生都献了较多金子。大德王等君主、所有乡亲也献好多金子。总计得到金子十万两，热译师兄弟二人会同藏贡拉瓦师（གཙང་གོང་ར་བ）、尼泊尔译师，共4人前往。

那时，正值泽德领主（མངའ་བདག་རྩེ་ལྡེ）邀请卫藏地区的高级三藏师们建立法轮，同时不断受到在家和不在家人们的邀请而前来弘法。热译师与鄂·洛丹协饶译师（རྔོག་ལོ་ཙྪ་བ་བློ་ལྡན་ཤེས་རབ）、年·达玛札译师（གཉན་ལོ་ཙྪ་བ་དར་མ་གྲགས）、赞·喀沃切（བཙན་ཁ་བོ་ཆེ）、琼保·确宗（ཁྱུང་པོ་ཆོས་བརྩོན）、玛尔同·代巴喜饶（མར་ཐུང་དད་པ་ཤེས་རབ）、芒吾尔·项曲喜饶（མང་འོར་བྱང་ཆུབ་ཤེས་རབ）、塔波·旺加（དགས་པོ་

དཔང་རྒྱལ）不期而遇。此地大量弘法。桑喀尔译师（ཟངས་མཁར་ལོ་ཙཱ་བ）把《释量论庄严疏》也于此时翻译完成。热译师从赞·喀沃切班智达（བཙན་ཁ་བོ་ཆེའི་པཎྜི་ཏ་སཛྫན）闻《慈氏五论》。热译师洞察到国王性命有危，打算授予有益教诫。但由于桑喀尔译师的遮遣趋入（从中作梗），故未能完成。法会结束后，其他译师到下游去了。

热译师和年译师来到尼泊尔。这时，年译师一个装有 15 两黄金的皮包不慎被贼偷去，心里非常难过。热译师献了百两金子。于是，年译师去了印度。

热译师来到耶让的尼玛当，拜会巴若上师。召集哈都（ཧ་ཌུ）约 200 人，连续七次进行了上乘会供。献金子万两、成匹绸缎。热译师闻《有关吉祥大威德毒主孔雀广修及其实践细则》《续部概论》《续部大纲》《续部遗诤》《续部精华》《续部广释含义》《续部遗教大观》《续部教言》等无数秘籍。这时，亲眼目睹吉祥大威德身如纯金铸就，金光灿烂，口吐五色光焰，光端流出甘露，见许多人畅饮，知为合格弟子无数的标志。

于是，热译师向曾有法缘的其他喇嘛们也献了金子，向尼泊尔的一切圣迹献以供灯、法衣、华盖、曼陀罗等大量供品；向所有僧伽布施金子。灌顶和教证等事业空前繁荣，此地天龙也做各种侍奉，听到他们说：“感谢您的光临。”

之后，热译师来到印度，受到天人的欢迎款待。许多班智达和成就者也致法谢。当到达金刚座时，出现了七只乌鸦，全身乌黑发亮，长着铁一样的利爪，个个足有三岁羊那么大，它们向热译师行绕匝礼，故知道是四臂护法众之化身。用 14 人扛的米做成朵玛食子，敬献当地的菩提树和神庙等；制作300驮的供灯，缝制华盖、幡、伞盖等无数。

在那烂陀等所有古刹中，热译师向僧伽进行了很好的供奉。有个外道名叫嘎拉那波，徒弟约有500余众。他前来辩法，因法力高超，热译师答辩无方。热译师与之理论，结果才取胜三次。他飞向天空，准备在热译师的头顶降下石雨，热译师在地上画一生殖器，用金刚橛戳刺，他立即从天上掉下来，一命呜呼。

那500名蓄辩者（嘎拉那波的弟子们）也抛弃外道教，加入佛门。国王、班智达、俗家人都向热译师大礼致谢，并呼之为“师那塔牟匝雅”（ཉིན་ཐ་མི་ཛ་ཡ）。热译师拜见大班智达门札朗巴（མིཏྲ་གླིང་པ），以五两金子作为贽见礼，邀请他到藏地弘法，他欣然答应了要求。

之后，热译师让上聂毛拉的阿阇梨（ཉི་མོ་ར་གོང་བ）和自己的哥哥带上“班智达即将启程上路，前来迎接”的信件，打发上路。于是，大班智达门札朗巴、小班智达阿布约达噶（ཨ་ཉི་ཡུ་ཏྲ་ཀ）、热译师和尼泊尔译师四人一同启程往回走。

第十三章　与达玛多德论法

大班智达门札朗巴、小班智达阿布约达噶、热译师和尼泊尔译师四人翻过门钦岭，来到门隅腹地。运用神通变化，导化那些居住在黑沟里的人们步入佛法之道，使他们发誓以后不再杀生，信守斋戒；剃度许多人出家，授比丘戒，以此弘扬佛法。在门札（མོན་གྲབ）、错那（མཚོ་སྣ）等地，也向无数民众宣示佛法，使他们遵守斋戒等，剃度出家者、授近圆戒者逾百人。经过灌顶和授课，得到成就的学生也近千名。

返回途中，在狮子山（སེངྒེ་རི）一带，做了无数僧俗大众之事业，期间得到很多物品，都用来调解争斗，修路搭桥。来到猪山（ཕག་རི），受到藏地无数僧俗大众隆重热烈的迎请。足迹遍布卫、藏、洛札、涅（གཉལ）、甲尔（བྱར）、洛尔（ལོར）等地，集会群众与所献礼物多不胜数，发奋讲修事业的学生也不计其数，层出不穷。

在五年半时间内，热译师翻译经藏、律藏、密宗等佛经多部，并厘正补遗，修改许多续部与成就法，有的重写，尤其翻译了吉祥大威德的

《七品续》《四品续》《三品续》《言传品续》《修者德洛品续》、拉黎达（ལ་ཝི་ཏ）的《成就法灌顶仪轨》、阿茂噶（ཨ་མོ་གྷ）的《现证坛城》、冉那阿噶尔贤德（རཏྣ་ཨ་ཀར་ཤཱནྟི）的《烧施续释·幻轮仪轨》和《会供仪轨》、妙吉祥善知识（འཇམ་དཔལ་བཤེས་གཉེན）的《第六灯炬》、巴若大师（ཛ་རི）的《三种成就法》等大量印度续部。大班智达的随从阿布约达噶也翻译了《金刚亥母》《根本堕罪广释》和《中观》等多部。

在阿芒曲水（ཇ་སོང་ཆུ་ཁུལ）期间，玛尔巴译师的儿子达玛多德（དར་མ་མདོ་སྡེ）也来此地弘法。热译师向他奉送五两金子、500 驮粮食等优质物品。因此，达玛多德心想，现在，无论人们贫富贵贱都信仰他，如果我们把他驯导为我们的学生，那对于我们的事业将会大有益处。想罢，问：“译师，您依何师，知何教诫?”答：“我依巴若大师和大班智达门札朗巴，知独创耳传教诫。”

“要说独创教诫，惟我之家父才有，他依止的喇嘛是那若班钦（པཎ་ཆེན་ནཱ་རོ）。你的喇嘛巴若是个外道瑜伽师，本尊神也是个畜生模样，把阎王尊为护法神。这样的教法是恶趣的因素，我看还是加入家父之法门为好。我有深奥喜金刚，有重点摩诃玛亚（མཧཱ་མ་ཡཱ），有精华胜乐轮，有齐天集密，有续王四座（རྒྱུད་ཀྱི་རྒྱལ་པོ་གདན་བཞི）。”

“这也算是神奇的。可我的这个法要超过你的那些法。何以故？吉祥集密有幻身光明的教诫，而无猛厉火燃流之深奥；较之母续胜乐，没有父续广大方便的饶益；较之喜金刚，没有重要六法与可行四法；摩诃玛亚没有幻轮除障法；金刚四座没有转为道用之三法；一般来说，没有静猛合修之理；没有面（怙主面？——译注）与法器等之羯磨集。这里包罗万象，所以是高超的。另外，每当从续部中看见吉祥大威德，有道是'忿怒明王丢弃武器'，意即慑伏其他一切忿怒本尊。此本尊之面与法器又各有羯磨集，其他续部没有这样的。它的护法神也是三界众生之命主，执掌善恶，分辨真假，除了这个还需要什么？"

达玛多德没高兴，说："你说你的尼泊尔外道之法超过家父依止印度班智达而翻译的佛法，我不同意此说。我也是喜金刚的得道者，你也看来是个自有分寸的人，我俩比赛本领。还有，我要把您所翻译的佛经一本不剩地灭掉！"说完走了。

于是，达玛多德在一个月内闭关静修，按照《喜金刚本续》中所说的，运法施咒。在热译师携徒弟们沿着贤垄巴（ཞན་ལུང་པ）慢慢行进的路上，一个徒弟坠马而死，气氛紧张起来。热译师勃然大怒，说："（这家伙）知恩不报不算，反而如此作恶，实属不该！现在看来他急着要看另外一个世界的热闹了。"

热译师又折回宛玛尔下榻。一夜，在一片光明意念中，看到如不把达玛多德解脱，我所翻译的佛经将毁于一旦，遂召引怙主群显灵近前，说："把达玛多德的灵魂拿来！"话犹未了，刮起一股黑风，朝洛札方向吹去。时间不长，怙主手捧人的颅骨，内盛人心，弯刀封口，说："总的说来，他还是一个不错的宗教人士，不过骄横过度，祸及你的教旨，故拿来了。现在进行大量烧施吧！"即不见踪影。做过烧施后，火焰变成各式武器，熊熊燃烧，烟中散发着焦肉臭味，令人咋舌。第二天，达玛多德被马摔死，灵魂超度到文殊佛的心间去了。

这时，有个叫玛尔巴·索南仁钦的人，是玛尔巴译师的亲戚，他前来说：“您做了诛业[1]之事，不觉得罪孽深重吗？”热译师说：“这是你没有弄懂密宗的关键原因，对于我来说，他们都成为朋友。”遂唱起道歌：

“亘古自然形成法界，
没有造作这个智慧，
形体颜色不可认知，
究竟好坏难以言表。

万法本来就是如此，
无知愚昧芸芸众生，
知障作为基本心性，
出现各种苦乐意念。

由于不知自己过错，
好坏习气执实顽固，
固执意念贪恋此生，
不禁分出你我敌友。

贪嗔之故积下恶业，
佛陀为了解脱轮回，
说了八万四千法门，
但是众生陷入无明，

① 诛业：依威猛法事咒死敌对者的仪轨。

恐难听取有益之法。

对于教诫奥义捷径，
说成邪教予以贬低，
由此缘故游离恶趣，
经常转动生死之轮。

永远忍受无边苦难，
从此解脱别无他法，
我心不忍产生慈悲。（原文如此）

在那法界埃音洞内，
召集愚痴芸芸众生，
运用明慧锐利武器，
斩断执著偏爱色蕴。

知有为法具体性质，
矫正清理顽固意念，
拿起无限慈悲武器，
解脱你我偏执栅栏。

耽著贪嗔烟消云散，
把那五毒变成五智，
拿起自然明之武器，
解脱无明所知盖障。

没有造作本质朗然，
修习苦乐错念偏执，
如此解脱这个敌魔，
是为救出执实羁绊。

本质道理清晰明了，
扼守己事法身要害，
如此这般为了他事，
显示相好做众生事。

无明臆想错误幻影，
寿命福气归我集中，
仅以世俗幻化方式，
瑜伽增寿积发福祉。

把那报应习气之蕴，
一一加持智慧甘露，

灌进坛城神群口内，
摧毁轮回坚硬木橛。

我乐你喜双方满意，
这是甚深善巧捷径，
众生经常染指罪孽，
尽管大家不闻圣法，
但是引向成佛之路，
此乃本人惟一特点。

没有炼过寿轨赎命，
没有做过积福放生，
但以解脱福寿宏大，
这是本人惟一特点。

五毒从来自性清净，
无需进行努力约束，
任运护持得到解脱，
这是本人惟一特点。

修炼亘古真实义理，
本事不灭显为本尊，

从来空性不禁意像，
这是本人惟一特点。

修禅现空本尊之像，
知道万法无自性空，
从来现象不禁空性，
这是本人惟一特点。”

索南仁钦产生信仰之情，请求宽恕前愆，追随其后，被授予灌顶和教诫，得到成就，后做了宏大的众生事业，飞逝空行之国。

热译师在宛玛尔长住。之后，陆续去了香（ཤངས）、俄玉（ཞུ་ཡུག）、羌（འཛང）等后藏的许多地方，弘法度人。

这时，桑喀尔译师（ཟངས་མཁར་ལོ་ཙྪ་བ）和喀且·关巴瓦（ཁ་ཆེ་དགོན་པ་བ）二人正在翻译有关《金刚持》与《善财童子》，看见人们纷纷追随热译师师徒一行，桑喀尔译师有点嫉妒，在班智达和热译师之间遮遣趋入①，险些酿成大祸，被热译师巧妙遣除。

班智达准备返回印度，热译师奉送金子千两、麝香七包、一座松耳石塔等无数礼品；向小班智达阿布约达噶也奉送了金子百两，一直送到尼泊尔为止。班智达也非常高兴，回赠佛祖舍利盒一只、拉黎达（ལ་ལི་ཏ）班智达法器、那若巴法衣，并答应永生不离。大小班智达返回印度。

① 遮遣趋入：使内心趋向外境的方式之一。

第十四章　征服桑喀尔

热译师一行返回藏地。应吉隆（སྐྱིད་གྲོང）地区天人之邀，前去弘法，受到隆重侍奉，献礼无数。向会众宣法，人皆改变信念，出现念修斋戒者不计其数；渔夫、猎人等都决心戒杀、诵六字真言。向具有福分的近200名学生授予灌顶和教诫，众皆产生良好证悟。

值得一提的是，一位名叫扎西吉（བཀྲ་ཤིས་སྐྱིད）的姑娘向热译师请受灌顶和教诫之后，奉献大礼三次。第一次，看见热译师显为胜乐本尊群；第二次，看见热译师以金刚亥母群舞蹈；第三次，看见热译师变为吉祥大威德群。因此，若干三摩地产生心头，弃家入禅，后来成熟解脱学生近千人，身体随着音乐响声，飞逝空行之国。

热译师在前往冈底斯雪山（གངས་ཏི་སེ）的途中，经过一片沙漠时，师徒一行干渴难忍，热译师入三摩地定，一股大水突然冒出地面，大家又饮又洗，过后一看没有水迹。弟子问：“这是为什么?”热译师答：“是我用三摩地功变化的。”

“那么，我们希望让它永远存在。”

“这是可以的。不过，由于没有祈祷，恐不能实现。”

之后，朝拜冈底斯山和玛旁雍错湖（མཚོ་མ་ཕམ）。师徒一行都看到罗汉拱佛的影像。玛旁雍错湖的龙王献上一串红珍珠，请受发菩提心。苯教祖师辛饶突然用雷霆向师徒们袭击，热译师用期克印驱赶回去，随即命终。

先后到达古格（གུགེ）、普兰（སྤུརངས）、芒隅（མངཡུལ）等阿里（མངའརིས）所有地区。所到之处，前来听法的民众挤得水泄不通。所献礼品有金、松耳石、砂糖、甘蔗、锦缎、果子等不计其数。剃度多人出家，宣讲很多因果之法，使所有民众弃恶从善。

给以由天王喇嘛（ལྷ་བླམ）所建的脱当（མཐོ་ལྡིང）寺和其弟科热（ཁོ་རེ）所建的喀恰尔（ཁ་ཆར）寺为首的一切大小经堂献上供灯、哈达、幡幢伞盖等大量供物；向所有僧伽布施上好斋茶；为了每年念诵梵赞十万遍，出资金子百两。凭依甚深吉祥大威德的教诫，究竟三摩地功法的学生达两万人。

另外，从金刚亥母和黑胜乐方面着手，做大量民众事业。无论灌顶和教诫在什么地方进行，都出现了彩虹、花雨、仙乐等祥瑞，大家深信不疑。

一头产奶的犏乳牛死了，尸体连续七日光团环绕，在犄角和蹄子上出现了自然“唵阿吽”（ཨོཾ་ཨཱཿཧཱུྂ）三字。

在驻锡芒隅期间，阿里王拉德（ལྷལྡེ）前来拜访，热译师没有起身，阿里王大怒，说：“我是本地之王，你为何不起身？”热译师说：“我也是王，不能起身。”

阿里王说：“那么，宫殿、乘骑、百姓们在哪里？你指给我看！”

热译师用道歌回答：

“发自内心诚心祈祷，
无私无畏大悲喇嘛，
三界轮回芸芸众生，
为了成佛敬请加持！

你这虚妄错乱之王，
面对正确义理之王，
却问地点财产何方，
要说实情如此这般。

在那清净三昧耶地，
建起不变信念宫殿，
安置专注修炼哨兵，
用生力法行作城墙。

自有成果琳琅满目，
内部住着自明国王，
能量大臣簇拥左右，
对于行蕴风的良驹，

配上自现宝贝鞍缮。

点燃自明智慧灯光，
绚丽多彩用来征税，
治理难于言表国政，
剿灭混沌错谬之敌。

到达没有到达之地，
取胜取自烦恼之敌，
人是具有功德之人，
没有缺点具功德故，
要说国王像我这样！”

阿里王又后悔又信仰，请求宽恕此前不恭，把热译师邀至王宫，珍馐侍奉，献国政一半，请受教诫。授予灌顶和教诫后，得到成就，成为一个为民造福者。

在象雄（ཞང་ཞུང）期间，应静猛女神之鼓励，与多名苯教徒辩法，运用法力使其驯服，加入佛门。

在普兰，有位叫布尔赞札（སྤུར་ཙནྡྲ）的大善知识，精通金刚亥母，他前来要求建立法缘。授予吉祥大威德灌顶后，自觉空无，立时解脱，甚为诧异。说：“热译师的教诫是值得一听的。”

一位名叫普布才让的咒师（སྔགས་པ་ཕུར་བུ་ཚེ་རིང），身患麻风病，经授予灌顶教诫后，病患痊愈，并得到成就，传大法麻风根治。

俄塞仲（འོད་གསལ་སྒྲོན）女姑奄奄一息，经灌顶之后复活；授予其教诫，让其修炼，故能做天人鬼之事，后驾虹而逝。总之，在阿里住了14年。

之后，逐渐朝尼南方向走去，此地人与非人咸来迎接，斋茶招待；授予教诫，广弘讲闻。给自己的侄子热·确饶（རྭ་ཆོས་རབ）一并授予出家戒和近圆戒，并授予胜乐、喜金刚、金刚亥母等，讲授翻译学。侄子出现了七日之后离开人世的征兆，向热译师请教挽救的办法，热译师说："在长寿仪轨方面，大威德最为重要。"授予甚深吉祥大威德灌顶与教诫，并让其修炼，从死难中解脱，亲见热译师显为吉祥大威德身相。

热·确饶摆下会供，请求热译师撰著黑阎摩敌、夜叉王、大威德三者之读物，热译师答应了，于孟冬十月初十，闭门静修，著《证悟七事释难》《黑阎摩敌释义》《秘诀精华》《念修慑伏敌命》《十三本尊成就法·如意宝藏》《主要成就法·无垢光》《三头六臂成就法·焚烧三界》《一面四臂成就法·无垢水》《一面二臂成就法·珍宝要义》《需要圆满次第八法》《重要六法》《不可缺少三法》《菩提道次本义七法》《别义五法》《普遍所需之二十八轮》《明谕》《亲训》《息灭护摩·消除百违》《增长护摩·万事如意》《怀柔护摩·事之关键》《诛灭护摩·消灭妖魔》《拉满黑弓·毒王孔雀展翅》《吉祥灌顶仪轨·乳流》《六面续要义·现证灌顶仪轨》《黑阎摩敌之续部旨要》《大成就法》《前三灌顶之灌顶仪轨》《梵论修习坛城要略》，以及从长久法基至注疏之间的笔录，从降雨至招引仙子龙女之间的秘诀。

这时，至尊文殊师利显出真身，红黄二色，千首千手千眼，无数佛、菩萨围绕左右，口中称善。另外，吉祥大威德也显灵，面手无数，身显绿色，五光炳耀，与起尸佛母拥抱，胸有六面本尊众，本尊胸有黑阎摩敌，周围被八护法与四佛母簇拥着，从口中和身体中宝雨霏霏。见此情景，知为得到许多殊胜成就。

总之，从开始著写文献至结束，每天虹光不散，花雨缤纷；每晚空行女们聚在一起，顶礼绕匝，不分昼夜敬燃妙香，“感谢大恩”之语不绝于耳。仲冬十一月十五日，全部结束。

在这期间，讲授教证之时，阳光与彩虹一起照到书上，雷声作响，细雨绵绵。人们说：“冬天在阿让冈（ཨ་རང་སྒང）出现彩虹和雷声，实属稀奇。”众皆不由自主地产生敬信。

不久，桑喀尔译师前来较量咒力，热译师向桑喀尔献上一两金子，说：“请不要放咒了!”他不听，说：“我把你这个热罗瓦立即送往另外一个热闹的世界中去!”热译师不禁震怒，说：“你起初使我跟阿里王没有会面，中间又在我与班智达之间遮遣趋入（从中作梗），现在又无故放咒。迁就忍让不是怕你，而是考虑到出家人之间没有必要诤斗。如不听劝告，悉听尊便!”

热译师回到住处。桑喀尔修炼招引多闻天王，天王率同八马主群，以及数以千万计的夜叉，向热译师奔袭而来。热译师修炼护身符，使对方没有得逞，空手而返，向主子（桑喀尔）禀报：“大人！无法得手。那热译师外有烈火帐，内有金刚场，他们师徒一行就住在其中，即使光也难以进入。”桑喀尔对多闻子呵斥道：“原来你是个外强中干的家伙！现在瞧我的!”变成形如大山的吉祥金刚持身，向这边扑来。

热译师变为吉祥大威德金刚，用角尖撞刺，击中其要害，(桑喀尔）落败而逃，并自言自语道：“我对秘密主驾轻就熟，像以前没人能胜过我，而这次却稍有闪失罢了。”云云。过了七天，疔毒入心，不治而亡，灵魂被荐渡到文殊佛界中去了。

因此，多闻天众非常恼怒，又朝热译师复仇而来。热译师一结期克印，（他们）应声倒地。热译师说：“现在如不加入我教，必将烧死！”他们俯首贴耳，惟命是从，决心投入热译师麾下。

对此，桑喀尔的学生们也大为吃惊，“我们的喇嘛对秘密主造诣颇深，但没能敌过热译师，他比师父技高一筹。”遂聚集在热译师周围。长泉寺经堂（ཆུ་མིག་རིང་མོའི་གཙུག་ལག་ཁང）及其属寺均回到热译师手中。热译师给桑喀尔的学生们授予灌顶和教诫，使以前得到证悟的一大批人又长了功德，大部分都驾虹而逝。

第十五章 “享用酒肉就是会供”

他们复又返回后藏，沿途为民众做事很多，所得供物皆献给各地僧伽及喇嘛们。到达猫头鹰沟（འུག་པ་ལུང）时，秘密主卓普巴（སྒྲོ་ཕུག་པ）大师为了考验，要求与他比赛本领，他答应了。卓普巴立即变出最胜三头六臂之身。热译师变成吉祥大威德，只扫一眼，天地立即倒置，众皆大骇，兽禽惊散，家畜争脱缰绳狂奔。热译师说：“你如有本事，请遣除之！”卓普巴遣除未果。热译师出定，恢复原状，众人无不钦佩。名声大振，几乎撼动山岳。

卓普巴向热译师请受灌顶和教诫，并进行参修，较之以前的修证特别殊胜，智慧大炽，解脱近5 000名学生之后，溘然寂灭。

热译师来到托杰（ཐོབ་རྒྱལ），正在弘法之时，苏琼（ཟུར་ཆུང）八大弟子之一，名叫马妥项巴（མ་གོག་བྱང་འབར）者，一方面精通因明学，另一方面博达大圆满功。热译师前往拜见他，他说：“所有这些都称之为寻思法。人因顽固执著，故难入地道。因此，反观内照，顺其自然，方为上策。”热译师用道歌答：

“藏族小僧我多杰札，
唱支戏谑可爱之歌，
如有意义请记心间，
如有冒犯恳请海涵。

心性空寂无法认知，
对此从来难以看见，
观察自性才是寻思，
空的本质从无来去。

生住灭三者本离析，
寻觅根源方是实执，
对于原始形成大法，
既难捆缚也难解脱。

所谓松紧是人臆造，
只名有戏论无戏论，
实则没有各自形成，
所言好坏只为己私。

生起次第实乃心术，
对于空乐无别瑜伽，
观察性相才是顽劣；
现世晚辈大禅师们，
修姿所闻恐有错谬，
记住此话好好禅修！”

马妥项巴产生敬信，献上黄金百两，要求授法。热译师授予灌顶和教诫，得到成就，成为一名对民众大有益处之人。

热译师又折回宛玛尔，如前操持事业。用所得物品塑造一尊百尺高的弥勒像，开光之后，出现若干祥光。

从尼茂（སྙེ་མོ）来了迎请者，应邀前往。在到达萨噶竹保（ས་དཀར་གྲུ་པོ）那天，江水猛涨，船在波涛中几乎倾覆，热译师手结期克印，洪峰立即消退下去。

如今，无论江水怎样暴涨，也从无皮筏被淹没的说法，众人都有同感。

之后，陆续到了尼茂协喀（སྙེ་མོ་བྱེ་མཁར）、尼茂让芒（སྙེ་མོ་ར་མོངས）、尼茂仁孜（སྙེ་མོ་རིན་ཆེ）等地。这些地方不管僧俗贵贱，都大量侍奉供物。每到一地，都聚众上万，经过弘法，杜绝所有孽障，开创奉行十善之法规。从尼茂协喀出现学生 250 名，从尼茂让芒出现学生 1 400 名，从尼茂仁孜出现学生 520名，从耶德（གཡག་སྡེ）出现学生 300 名，经授予灌顶和教诫后，个个得到五神通，都得到同时眼观四洲的成就。

在余竹西（གཞུ་གྲུ་བཞི）期间，一位胸挂骨饰的裸体女领来一个年满 16

岁的少女，只见少女皮肤白中透红，眼睛如蓝色的大海，手心有“ཧྃ”相，婀娜多姿，摄人心魄。把少女交给热译师后，那裸体女随即不知去向。热译师问少女：“请问您是谁？尊姓大名是什么？”少女答：

“本人就是索拉索德，
名字叫做梅朵达塞，
文殊转世的多杰札，
我为您的密使而来。”

知为巴若上师所授记的那位牟陀罗（མུ་དྲ），便纳为手印女。

一个月过后，此事被大家知道，遭到猛烈抨击。在余尼茂（གཞུ་སྙེ་མོ）地区有个首屈一指的善知识，名叫余·噶当巴（གཞུ་བཀའ་གདམས་པ），前来辩法。热译师吞下一把针，从生殖器排出；把牛奶从生殖器吸入，又从鼻孔排出；口中说着“这还不算”，便用刀划开胸膛，见心脏变成八瓣莲花，其上有文殊菩萨被许多随从围着，搭成虹帐；在云雾缭绕之中，很多仙子仙女敬献华盖幡幢之类的供品；晶肺禅洞（གློ་བ་ཤེལ་དཀར་གྱི་བྲག་ཕུག）八十大成就者聚首论法；在肝色红花之帐内空行女云集；在脖子上吉祥大威德的坛城光芒四射。总之，没有五脏血肉之相，而全部清晰地显为神的本体。热译师说：

“本人依止羯磨之印，
你等从事与人辩论，
但是矛盾依次出现，
要说原因以下分解。

现分为父空分为母，
这个又是二无双运，
你的宗旨假如这样，
莫非认为现空有别？

称声为父称空为母，
这个又是二无双运，
你的宗旨假如这样，
莫非认为称空有别？

光明为父空性为母，
这个又是二无双运，
你的宗旨假如这样，
莫非认为空明有别？

智慧为父空性为母，
这个又是二无双运，
你的宗旨假如这样，
莫非认为空乐有别？

薄伽梵佛五种姓佛，
还有亲传八大弟子，

以及一切接触怒神，
没见与那明妃交媾？

从那道之根本续部，
进行熟谙四个灌顶[1]，
禅修解道圆满次第，
没有教导需要明妃？

本人虽然孤陋寡闻，
但因专心修炼缘故，
知道人法相得益彰，
正如名医所开药方。

在那修习声闻乘时，
贪欲等类一切烦恼，
均以各自克星摒弃，
所以这是抛却之路。

在那修习般若乘时，
贪欲等类五个毒瘤，
方便善巧引上正道，

① 四个灌顶：宝瓶灌顶、秘密灌顶、智慧灌顶、句义灌顶。

所以这是消业之路。

在习其他密乘之时，
贪欲等类一切分别，
运用定识转为朋友，
所以这是转换之道。

这个甚深教法特点，
在于了悟贪欲等垢，
与那五智没有区别，
所以这是基道无别。

埃字智慧明妃之天，
与旺字大智父交欢，
交欢当中证得佛果，
这是热罗我的特点。”

言罢，用手抚摸明妃，明妃立即变为天杖。

善知识起信，并后悔不已，请求宽恕冒昧辩论之罪，把所有东西献给热译师，并追随其后，被授予灌顶和教诫，得到成就，做民事颇多。寿终之时，从尸体升起彩虹，鲜花与舍利缤纷。因此，诽谤之词烟消云散，僧俗大众恢复信任，誉满大地。

又到团（ཐོན）地，成熟解脱许多僧俗人员。尤其对以隆·菩提释迦

（རླུན་སེམས་དཔའ་ཤཱཀྱ）为首的足有 1 200 名具缘弟子进行灌顶和授课后，从五佛冠冕中放射出不同颜色的彩虹；在大坛城的无量宫内出现群神等，异兆不断。隆·菩提释迦发愿修禅，圆满断证①，他培育了学生近 800 名，最后驾虹而逝。

其他人命风畅通，现象实执消隐，取得证悟，最后去世时没有一个不留下舍利的。热译师把从这些地方得到的所有供物都分发给各地，如献给喇嘛，供养僧伽，布施乞丐，向圣迹献百供，赎命放生，调解干戈，等等。

又陆续到了木拉（སྨུག་ལ）、约（ཡོལ）、塞（ཟད）、曲水（ཆུ་ཤུར）、科玛（ཁོལ་མ）、角热拉巴（ཀྱོ་རེ་ལྷ་པ）、羌朵（འཇང་སྟོད）、羌麦（འཇང་སྨད）等地。所到之处，前来朝拜的信众和所献的法财，都是空前的。经授予灌顶和教诫后，得到殊胜成就的学生在各地至少也有 300 人。

在木拉授课期间，一名叫隆·赞札（རླུན་ཙཛྲ）的学生不幸中风，请求热译师为其救治。眼前有一根柱子，随着一声巨响，裂为两段。与此同时，病痛立即痊愈。第二天早晨，那学生前来向师父问安，并请教治病原因。只听热译师说："昨夜如我不在，你有性命之危啊。"

学生说："确实如此。"

热译师说："我把病魔移到柱子里了，你看！"学生走进禅屋，一看柱子，已断为四节，颜色变得黑乎乎的。众人啧啧称奇。隆·赞札得到空性证悟，为民众做事无数，最后翔空而逝。

在约地期间，土地神们请受菩提发心。当学生们看见热译师神通广

① 断证：远离染垢，解悟功德。

大的道行，三摩地功之门扉开启。

在塞地期间，出现了妖怪的千军万马神变，被一一制服。

在曲水期间，为积恶深重的若干生灵亲自指出地狱真相，使之脱离不善。

在科玛闭关静修时，亲瞻吉祥胜乐轮之尊颜，并接受一只充满甘露的日月对称盒子，饮过甘露，顿感全身充满无漏安乐。

在角热拉巴期间，亲眼目睹骑虎怙主一行操持善业之盛况；听见五部空行女欢闹嬉戏，演绎金刚歌舞之声音。热译师掌握了八万四千法门的真谛。

在羌地期间，有几个人请求演示神通，他把法衣挂在彩虹上面。这些人非常佩服，都精进修炼，法力与神通大有长进者很多。

聂塘（སྙེ་ཐང）方面来人邀请，遂前往该地。在给 300 多名学生灌顶之时，他的身体如山，内外透明，这又是报身圆满的兆头，讲法之声充满世界。佩戴骨饰的白度母、黄度母、红度母、绿度母、蓝度母们一边吹笛子，一边绕匝坛城。众皆亲眼所见。

于是，用牵羊空行耳传方面得到的美善亲训，予以传授经验，杜绝了一切寻思，获得无分别智慧者众多。前来请受出家戒、近圆戒的人很多，但他想道，像我内离能守所守，以自备之明，不违背别解脱戒，却以外依明妃之举，恐伤释教。因此，没有授予。又见四大天王请求受戒，优婆离罗汉也如是说，故按照前规授予沙弥戒和近圆戒。

应羊卓万户长之邀，又前往羊卓地区。先后到了达陇（སྟག་ལུང）、纳尕孜（སྣ་དཀར་རྩེ）、三木当（བསམ་ལྡིང）、华迪（དཔལ་སྡེ）、雅斯（ཡར་སྦྲིད）、噶毛岭

（ངཀར་མོ་གླིང）等地，人们不分高低贵贱，都拥戴不已。他以法财使集会群众心满意足，泽惠安乐。所到之处，庄稼丰收，瘟病消失，彩虹当空，天女散花，土地神们迎迓膜拜等，奇迹无数。

以隆·多保（ཀླུན་རྡོར་པོ）为首的近千名学生投于门下，给他们授予灌顶和教诫，并让他们禅修，使世俗执著烟消云散，大家都获得了纯粹的智慧证悟。在给他们进行灌顶授课之时，从空荡荡的香炉中冒出大油烟味；圣水变成香气；宝瓶中的水变成奶乳似的甘露，即使千人饮用，也难以穷尽；驱散病魔等，奇兆不断。

在华迪期间，一位名叫索南旺姆的姑娘前来供奉马、犏牛、披风大氅、绿松石甲饰等数以万计的物品后，请受教诫。被授予吉祥大威德灌顶与教诫，并使其修炼后，成为一名饶益众生的优秀女成就者。

热译师他把足有三庹的一串红松耳石拆开，分发给羊卓附近的渔夫们，要他们立誓今后不再打鱼，但他们没有理睬。他发起三摩地功，只一跺脚，地裂开一条口子，从里面窜出地狱大火，熊熊炽燃，猛烈的火势熔化了铁器，哭喊之声几乎使所有的人昏厥过去。他说："现在谁不怕到地狱里去?"大家抛弃邪恶，心向佛法，故很多人得到成就。

又经过甘巴拉（གམ་པ་ལ）岭，来到门塘（མོན་ཐང）、拉隆（ལྷ་ལུང）等地，为民做事无数。在向乌香多寺（ཨུ་ཤང་རྡོ）献供时，亲眼瞻仰了64名金刚女使者簇拥着吉祥大势至菩萨显灵的尊颜。

此地有一位名叫塔玉（མཐའ་བཞི）的喇嘛，精通集密，获得成就。他前来造访，热译师送给披风大氅等上乘物品，二人进行了称心如意的谈活。无论辩说显宗还是密宗，热译师均都获胜。塔玉称："在辩论方面你胜利了，但我神通广大！”遂把水流截住，引到上方。热译师说：“这的确是个奇观，但我的这个更加奇妙。”他把水打上结。塔玉叹为观止，遂成为热译师的学生。

通过这件事，许多学生趋之门下，其中出家人 1 200 名、白咒师 450 名、妇女 32 名。给他（她）们进行灌顶和授课之时，热译师头顶出现一顶没有把柄而自动旋转的华盖，一条垂帷在虚空中飘荡，左右立着无人擎举的许多幡幢和旌旗等等，奇兆迭现。以塔玉为首的所有学生，把热译师视为吉祥威德金刚，智慧横溢，空乐无二的三摩地定功得以巩固。值得一提的是，塔玉后来成熟解脱了千余名学生，最后驾虹而逝。

热译师一行来到扎喀（ཟག་ཁ）集贸地、上下越波（ཀ་ཡོ་ར་བ），受到当地人的崇敬善待。热译师以法财为民做事无数，分别为百余人授予出家戒和近圆戒。经授予教诫之后，约 150 名有缘弟子获得解脱或成为大德。受到寺院内外僧俗群众的邀请。把所得到的大量供物用在铸造金身和银身，刻印《甘珠尔》等伟大善事上。向此地人们宣法，引向解脱之道，经过灌顶和授课，经常不断地产生超乎想象的特殊感受的有缘弟子约 300 名。

先后到达堆波（དོལ་པོ）上中下地区，慕名前来朝拜的人挤满山沟，得到纯金百两、氆氇、哔叽、灶具、酥油糕等供物不计其数。以灌顶、授课、训箴、布施等手段将人们引向成熟解脱之路。在向以匝尔·南卡智（འཛར་ནམ་མཁའ་གྲགས）为首的 2 500 名学生授予吉祥大威德金刚灌顶和课程之时，湛蓝的天空中出现一道五色彩虹，斑剥的霓光如棋路纵横交错，从中透出各式各样的光图，有的像氆氇倒挂，有的像锦葵花，有的像净瓶，有的像宝瓶倒扣等，充满宇宙，祥兆莹朗。

热译师把学生们打发到各个山间修行处，并让他们禅炼，每个人都究竟了梦境光明之证悟，都具备了引导（众生）走向若干佛界的能力。

他们前往雄哲祥（གཞུང་སྤྲེ་ཞིང），欲朝拜玛尔巴译师的灵塔，但有几个玛尔巴译师的资深弟子，对热译师剪除达玛多德一直怀恨在心，而出面阻止。热译师运用飞檐走壁的功夫，走近灵塔，敬奉供灯和哈达。这时，从灵塔滚出一舍利，有豌豆那么大，五光炳耀，直接滚落到他怀中。自己看见卓门布（ཌོམྦི）胜乐金刚骑着老虎被八十大成就者簇拥着，来为他加持，旋即返回。众皆愕然，但资深弟子们说：“这是幻觉罢了！”进行诋毁。

虽经他们多方阻挠，但三朵雄（རོལ་གཞུང་གསུམ）的老百姓们非常敬信热译师，前来求法和供奉香资者络绎不绝。

那些弟子们更加不悦，进行破坏。热译师从腰间取出金刚橛，只抡了几下，那些弟子个个吐血而亡。霎时，地动山摇，响声震天，所有房屋几乎都要毁了。大家正在束手无策之时，经俄·多德（རྔོག་མདོ་སྡེ）从中斡旋，使那些人成为热译师的施主和学生。热译师来到他们中间，俄·多德行过礼后，说：“您是个大喇嘛，恳请不要如此伤害有情了，恐遭世人非议。”热译师唱起道歌：

“生在末劫的有情们，
嘴里说话没有定准，
给他施恩反而加害，
如是反复轮回人间。

我之所以实行杀业，
都是为了私事公事，
其中公事重于一切，
为了饶益顽固众生。

你这多德足智多谋，
首领禀赋大慈大悲，
超度手持短矛黑人，
十万劫福得到圆满，
据称因此往生天界。

密集续部也曾说过，
利用坚固秘密金刚，
诛杀世间一切有情，
投胎不动金刚佛土，
不久将来生为佛子，
此话由金刚持所说。

《文殊黑阎摩敌续》云：
‘呜呼屠杀确实奇妙，
屠杀并非单纯屠杀，
不是屠杀解脱恶业，

心慈手软一事无成。’

《密宗精要》同样说道：
‘了知正确经义之见，
导化冥玩无知众生，
三世善逝喜欢此等，
惟是殊胜巨大献供。’

《佛陀合修》如是说道：
‘对于穷凶极恶的人，
心平气和无济于事，
基于智慧方便本性，
善逝这样对付凶神。’

《文殊名号》同样说道：
‘丰厚献供充满嗔恨，
烦恼成为众敌之首，
如是引证不胜枚举。’

佛教鼻祖释迦牟尼，
变成猛神消灭魔群，
大慈大悲观音菩萨，

也变威猛神的模样。

印度曾有数位大德，
同样如此征服外道。
我也努力实践诛业，
无非就是这么一点。

习染身印垢污缘故，
不识似金自悟本质，
周而复始轮回世间，
形成各种六道众生。

忍受寒热饥饿使役，
忍受生老病死讨伐，
忍受往生地狱苦难，
各种痛苦不计其数。

错谬根本归身印垢，
用猛业火加以清除，
清晰看见无造作者，
自然智慧聪颖之金。

解开身印解脱轮回，
坚守常生原始家园，
不是屠杀而是挽救，
错觉二执得以醒悟。

不是空寂而是圆满，
无漏功德得以圆满，
这是世俗方面而论，
但在真实谛义当中，
没有所杀没有杀者。

就像魔幻不伤魔幻，
生死涅槃毫无所缘，
所杀哪能成为真实，
除了加行解脱事务，
没有第二密宗可言。
把这当作罪恶之业，
是因执著顽固所致。”

众皆受到感召，以前不信仰者开始信仰起来，已信仰者信念更加强烈，祈祷之声琅琅回响。对他们施以灌顶和教诫后，执著消除、万法视为法身之相者不乏其人，其中有所依不一的得道学生就有2 000人。其他平民百姓也都成为扬善抑恶者。

这时，天空像琉璃一般湛蓝，从中出现由五色彩虹组成的法源[①]、明点，许多造型别致的花格子时隐时显，天女撒下缤纷花朵，山沟弥漫郁香，瑞象融莹。

俄·多德也非常敬重，把热译师师徒们邀至琼当（ཁྲུང་ཉིང）寺，赠送《契经》两部、《大般若经》四部、50颗红松耳石、一万匹氆氇和哔叽、82 头牦奶牛等数以万计的礼物，以此建立法轮。仅求法的僧人接近一万人，凡人不计其数。

热译师向他们宣法后，使他们不反复，成为解脱种子。他把所得到的供物都用在了琼当等一切大小寺院唪诵文殊名号 10 万遍，以及药师佛、白伞盖佛、度母修供仪轨、六字真言一亿遍；塑造金身 10 万尊、大小银身多尊、布画若干幅；修缮几所经堂，布施很多乞丐。

热译师给以俄·多德为首的学生 1 070 人授予灌顶和教诫后，从宝瓶中发出“嗡嗡”的密咒声，如闷雷一般；朵玛食子发烫，朵玛盘子炙手可热；内供颅器的圣水滚沸，从中升起五色彩虹，同根三叉，每叉闪烁着五光明点，璀璨夺目。最后，示教结束，让每人修证。俄·多德亲瞻吉祥大威德和金刚亥母双双显灵，得到无漏先知神通，证悟齐天，役使护法，后成熟解脱约 5 000 名学生，临终之时，飞向虹宫，遗留下无数五种舍利。其他学生也对法性之义理解坚定，涉水爬山，无一阻挡，昼夜通明。

之后，来到吉雄（སྐྱིད་ཀ་ནོངས）和扎西岗（བཀྲ་ཤིས་སྒང）等地，成熟解脱许多僧俗群众，调解干戈，赎回囚徒。又来到卓窝隆（གྲོ་བོ་ལུང），受到当地政

① 法源：女阴的异名。

教界官员的热烈欢迎，并奉厚礼。

这时，有个名叫玛尔巴·索南仁钦（མར་པ་བསོད་ནམས་རིན་ཆེན）的，是玛尔巴译师的亲传弟子和事业继承者，前来拜访热译师，把一串牛舌红松耳石长有三庹的念珠作为贽见礼奉送于热译师，说："热译师啊，我在玛尔巴恩师前学习了许多深奥的密宗大法，历经 14 年殚心证修，但由于各种寻思所惑，始终觉得不能住心，怎么办才好呢？"热译师用道歌答道：

"皈依之处通人宝师，
头面礼足耶让大德，
启请悲悯六道众生，
加持凡众平等证悟。

静心禅修法性之时，
万象寻思怎样纷乱，
不予取舍但求从容，
无论喜忧高低与否，
审谛本质当自解脱。

了知本性法身显要，
不安之处变为殊胜，
如觉利小可求大师，
如觉利大摒弃慢心。
堪布只在境与对境，

决意了断二无之中！”

言毕，授予吉祥大威德灌顶和教诫，并让他修证，如万里晴空的三摩地功行圆满，证得殊胜大手印成就。为了表示感恩，他向热译师奉献了3万驮青稞和可容人睡觉的一口大铜锅。后来，他在本项（འབུམ་ཞིང）建寺并居住，培养了来自卫、藏、康三地的无数学生，使他们成熟解脱。最后得到隐形成就。

另外，依靠灌顶和教诫而得到成就的学生、僧人、白咒师（སྔགས་དཀར）总共达715人。收到金子、氆氇、牦牛等大量供物，都作为修复寺院围墙的费用，向一切佛像等购置法衣和供灯，给玛尔巴的大弟子们馈赠大氅披风等九品礼物。其弟子华沃（དཔལ་འོད）罹患命灾，虽想尽各种办法疗理，但都无济于事。热译师啐一口唾沫，立即好转。众弟子见了大为惊讶，转而向他请受教诫。他们经过禅修，证悟得到巨大增益。此时，炭面女神们向热译师表白赤诚之心，并甘愿作奴。

之后，热译师到了洛扎（ལྷོ་བྲག）的完巴（བཤན་པ）、上下赞卓（བཙན་དོད་སྟོད་སྨད）、尤（ཡུག）、藏尕（གཙང་དཀར）、甲吾（རྒྱ་བོ）、竹许（གྲུ་ཤུལ）、恰朝（འཕྱོད）、达许（གཏམ་ཤུལ）、当喀（གདངས་མཁར）和喀曲（མཁར་ཆུ）等地区。所到之处，信众云集，供养和侍奉源源不断。

经过宣法，发誓弃恶从善者不计其数，其中受沙弥戒、近圆戒、居士戒者近2万人。专心修炼的学生在完巴有919人，在上下赞卓有2 800人，在尤有500人，在藏尕有200人，在甲吾有129人，在竹许、恰朝、达许共有5 500人，在当喀和喀曲共有3 000人。从没有提及地名的各地也涌现了千百不等的好人。

无论从哪里来的学生，都授予灌顶和教诫，并让他们修炼，驾虹飞天者不乏其人，取得寿持明者人数不少，很多人具备变化神通的能力，没有未证真谛之人。每每经过灌顶和授课，当地疾病和动乱因之消失，虹霓和天女散花天天不断，馥郁芳香充满各地等，瑞象莹照。有人把他视为文殊身；有人把他视为大黑阎摩敌；有人把他视为能怖金刚；有人把他视为吉祥大威德金刚；有人把他视为法器；有人把他视为六字大明等，各人的视觉千差万别，都产生敬信。

得到的供奉有经卷、鲜花、氆氇、哔叽、金子、松耳石、茶包、美衣、厨具等数量无限。把它们都赐给特（ཐིག）、西（ཞྭ）等寺院，用来向佛像、佛塔、佛经供奉供灯、哈达、涂金等大供。向僧众提供斋茶、布施；给信众布施酥油、茶叶；每年赎命放生数以百计等。

觉穆恰拉（ཇོ་མོ་ཕྱག་ལྷ）、仲乌拉赞（འབྲོང་བུའི་ལྷ་བཙན）和郭拉日雪（སྒོ་ལྷ་རི་ཤོར）等各方土地神都前来亲近。

在达许期间，一日前往山顶散心，只见峭岩四兄弟土地神把马蹄高高举起，至今在悬崖陡壁之上仍清晰留有马的四个足印。

后来，热译师来到科塘（མཁོ་མཐིང）神庙，作了大量供祀。此时，从大日如来像的心间放射出绚丽夺目的五色光束，隐没于热译师头顶，有目共睹。居士喀日（མཁའ་རི）和西刚噶布（ཞིལ་གིང་དཀར་པོ）前来投奔门下。

在喀曲（མཁར་ཆུ）岩洞闭关静修时，亲眼目睹周身洁白、和蔼可亲、肢体圆润的吉祥大威德出现在眼前，并在山岩上留下念珠的痕迹。

元喀（སྙན་ཁ）水神准备加害热译师的坐骑，热译师还以厉害，此湖干涸，彻底消灭了元喀水怪众。复又七昼夜入恢复定，湖水恢复如初，元喀水怪们又死而复生，决定遵办一切谕令，并供奉 108 匹马礼。他给当地许多僧俗群众授予教诫，使他们成熟解脱之后，自己返回。

一路上，支固（ཁྲི་གུ）地方的所有贫富人家都进行了隆重的迎奉伺候，他以教诫、灌顶、讲经三管齐下，导化有情，得到成就的学生也近 300 名。

这时，有个大名鼎鼎的大善知识，名叫巴擦持律（པ་ཚབ་འདུལ་འཛིན），他们师徒 500 众闻讯赶来。热译师进行了上好款待。巴擦持律说：“您闻名遐迩，所化众多，但接近女色，给人施咒，这点不好。现在抛弃女人和恶咒吧！善持净戒。财产乃魔鬼之诱惑，不要追随它，精进静修！”热译师说：“这又怪了，我也有此印证。”遂唱起歌道：

“加持根本是为上师，
给予成就是为本尊，
上师本尊没有差别，
都向他们顶礼膜拜，
请将人心引向佛法！

藏地小僧我多杰札，
早已承蒙恩师加持，
一经得到甚深教诫，
一切现象权当伴侣。

世间万物都是心性，

人的心性本质空寂，
是好是坏无法造作，
用心忆念意义不大。

心所寻思虽然纷乱，
永远不灭意识本力，
怎样出现法身缤纷，
杜绝寻思意义不大。

动念掉举散漫等类，
都是以心假名而立，
归根结底无源无本，
怎样取舍意义不大。

动辄向神发誓念咒，
忆念知为法性戏言，
亘古以来就是如此，
闭关修禅意义不大。

六道众生难以计数，
惟一恩人就是父母，
为了他人无私奉献，

享受安稳意义不大。

内心看来自主印象，
外表贪欲如雨倾盆，
对于因缘业力法性，
抛却掉举意义不大。

所度能度自心三者，
都是虚幻有所不同，
但在法界没有两样，
小心诛法意义不大。

了义智慧般若虚空，
巨大方便加行大乐，
使者圣道非常迅速，
愧疚业印意义不大。

当你知道原来本质，
五毒就会变成五智，
执著错觉烟消云散，
依止对治意义不大。

如是了达的时间内，
行路也是修炼本质，
坐着也是修炼本质，
说话也是修炼本质，
吃饭也是修炼本质，
一切都是修炼坛城。
既然宽松带来解脱，
僵化对治意义不大。”

说罢，自己化为彩虹团，给善知识师徒们看。善知识师徒们非常佩服，纷纷请求宽恕此前邪见，并要求授法。热译师授予甚深吉祥大威德灌顶和讲授，并让他们修炼，他们深明无二的悟性得到巩固，其中善知识成为亲瞻本尊容颜的无私饶益有情的成道者。为了谢恩，奉献了很多银制供具、幡幢、帷幔等。之后，奉献了一尺珍珠塔等精美丰富的百供两次。

热译师师徒一行又来到卓雄（འབྲོག་གཞུང）。这时，虽然已达 85 岁的高龄，但头上没有一根白发，丝毫看不出老相，面色白皙而红润，头发和胡须油黑发亮，行动时身轻如燕。所以，不了解情况的人看了他的外貌，还以为正值壮年。

从喀日（ཁ་རག）地方来了迎请者，热译师于狗年从羊卓启程，翻越甘巴拉山，先后来到甘巴腹地、羌塘等地。以法财广泛饶益民众。当看到大雕叼食许多山羊羔时，只一拍掌，雕就掉落地上；只一弹指，复又苏醒，飞向远方。等等，显示神通许多。又涌现了以关确卓玛（དཀོན་མཆོག་སྒྲོལ་མ）

为首的 50 名男女大成就者。

复又返回喀日后，先后住在仲普（འབྲོང་ཕུ）、白若（སྤོས་རོམ）、达那（རྟག་སྣ）、珠穆冈（ཛོ་མོ་གངས）等胜地，当地天人大众的供奉隆重。

经过宣法，把无数百姓引上白（善）道，尤其给 450 名具缘弟子灌顶和教诫后，从坛城中连续发出三声“善哉”，四周空中布满白、黄、红、绿、青、紫、橙等形态各异的祥云，运送各种珍馐佳肴的空行女络绎不绝。等等，奇迹纷呈。讲授结束之后，让个人禅修，12 年之后证得殊胜成就，大家都飞逝天界。

在白若期间，有个名叫藏巴·杨达巴（གཙང་པ་ཡང་དག་འབར）的人前来拜访，他见热译师饮酒，大为不悦。而热译师入转趋定，吐出腹中酒。那人见热译师吐的是奶乳，便说：“这是我眼花了。”又见所有的器皿都盛满奶乳，觉得奇怪。热译师对他授予教诫后，他的证悟无人能敌，后做许多众生之事，得到寿持明。

热译师在珠穆冈静修时，喀日琼尊玛女神（ཁ་རག་ཁྱུང་བཙུན་མ）一行奉献天上的甘露，并请受归依、发心、居士戒。珠吾吉（ཛོ་བོ་ཅག་མཆོ་སྨན）女神奉献一只装满金粉的松耳石瓶。

在达那期间，有个擅长胜乐并法力不凡的叫做巨·莫兰札（རྒྱུས་སྨོན་ལམ་གྲགས）的译师出现在热译师眼前，热译师对他进行了款待。他见热译师法业鼎盛，财源广茂，而自己却没有这样的造化，不禁心生嫉妒，想破坏热译师所造的坛城。于是在坛城上空聚拢黑云，降下牛轭（原文如此）一样的雨水。热译师用火帐盖住坛城，因其炽烈的火势，那雨不等落到地面，就在半空中干化了。巨·莫兰札复又变成一股狂风袭来，热译师用金刚帐挡回，并说：“你再有什么技能，请尽管施出来吧！”他恼羞成怒，但又苦于无奈，只好放毒。热译师不禁生气，说：“我好心侍奉你，你却投毒（害我），这是为何？”遂修毒转趋定，他生病了。

热译师的弟子们对巨·莫兰札译师劝说道：“您与热译师较量很难取胜，因此还不如请求宽恕，尊意如何？”巨译师说：“我没有必要向他低头认罪，他是最终由我来超度的。”

于是，他来到坟墓群，按《胜乐本续》中所说的准备施咒（物品）。热译师变成吉祥大威德，用弯刀猛扎，那些施咒物品及坛城支离破碎。巨译师也身首异处，灵魂被超度到文殊佛界去了。

通过这件事，热译师的洪福与声誉更加宏大了。

热译师来到曲保日（ཆུ་བོ་རི）地方，为众生做了广大事业。请受沙弥戒、近圆戒、灌顶、讲授者不计其数；驾虹而逝者也有很多；掌握乐暖自燃功的也不乏其人；最差的也能了通假相，死亡之时任运中阴。

从吉曲河下游（སྐྱིད་ཤོད）多次来了迎请者，热译师准备前往。仲秋八月五日，他越过吉曲河，来到吉昌（སྐྱིད་འཕྲང）时，正好与从耶巴（ཡེར་པ）的马头石奉回有关马头明王法的哲·喜饶喇嘛（འབྲི་ཤེས་རབ་བླ་མ）、松巴旺楚（སུམ་པ་དབང་ཚུལ）和江布·札巴绛曲（རྒྱང་པོ་གྲགས་པ་བྱང་ཆུབ）三人不期而遇。热译师向他们每人赠送一匹锦缎后，问：“诸位去了哪里？”“我等去耶巴奉迎马头明王法了。”

“有甚深教诫吗？”

“肯定有，与把本尊当作畜生者有所不同。”

“那么，可否一比高下？”

“可以。”

哲·喜饶喇嘛在岩石上变出鲜花，热译师变出硕大铁雹砸毁；松巴旺楚在岩石上留下足印，热译师用法衣擦去；江布·札巴绛曲变为马头明王，长鸣一声，震得天地摇晃；热译师变成吉祥大威德，一举镇服。

如今在那个山口的岩石上仍留有三角铁雹的痕迹。热译师说：“这完全是玩笑。佛法平等，哪有我们分彼此之理。你们辛苦了，请不要这样了。这不是把法视为烦恼之对治吗?”

之后，热译师一行来到聂塘（སྙེ་ཐང），朝觐阿底峡尊者的钵盂等圣物，并大量供祀。聂塘上中下的所有人们聚在一起，给他们宣法之后，决心弃恶扬善者无计其数；仅靠灌顶和教诫而得到解脱的学生就有 211 人。得到大量供品，全都用来赎命放生，念诵嘛呢上亿遍。

这时，哲、万、楚（འབྲི་བན་ཚུལ）三人对热译师产生嫉妒心，施咒加害。哲烧施，松巴（原文如此）扔朵玛食子，江布（原文如此）诅咒，施出魔幻。热译师修四字除灭定，挡回咒力。哲发疯，松巴死亡，江布患麻风病。他三人的弟子们将此事隐瞒下来，说：“中邪了。”

应堆龙（སྟོད་ལུང）人之邀前往传法，临近一座桥头，只见河水暴涨，危及桥身。热译师用鞭子往地上一戳，水势立刻减缓。

先后到了雄巴拉曲（གཞོང་པ་ལྷ་ཆུ）、昌喀岩（འཕྲེང་ཁ་བྲག）、帕仓（འཕར་ཚང）、堆孔（སྟོད་ཁུང）、日昆（རིལ་ཁུང）、郭吉龙（ཀོལ་ཀྱི་ལུང）和觉摩隆（སྐྱོར་མོ་ལུང）等堆龙的所有地方。信众如云，供品无数。信守斋戒，十五日、三十日和初八日祭祀，受出家戒、近圆戒等者很多。出现了基础不一的学生 995 人，对他们授予灌顶和教诫后，大家都出现了幻相自生的良好证验。

在拉曲，他把青稞撒向岩石，不少青稞钻入岩石内不见，泉水比以前更大了。

在昌喀，黑面怪奉献五驮金粉后，请受居士戒。

在帕仓，七条豺狗前来侍奉，修往生定后，使它们投生于神界。

在堆孔，在一个磐石上留下马鞍和鞭印。

在郭（吉龙），有个名叫华奥（དཔལ་འོད）的富人被妖魅缠身，虽想尽一切办法治疗，但均未奏效。热译师授予吉祥大威德灌顶，并让其修念三遍奇特口诀，病毒附在墙体上，疾患痊愈了。因此，华奥非常奇怪，专务修炼一事。后成为一名能饶益苍生的得道者，去了五台山。

在日昆，一个名叫喜噶白措（ཤེལ་དཀར་དཔལ་མཚོ）的姑娘，她把自己的所有衣服和首饰献给热译师后，请受教诫。热译师授予灌顶和教诫，并让她修炼。她说："顺利之时容易修炼，遇到坏情况怎样处理？"热译师说："这个可以这样办。"遂唱起道歌：

"你这具有信仰之女，
如果诚心力励圣法，
博学多才没有必要，
依此歌义修炼即可。

轮回三界芸芸众生，
因被无明黑暗所盖，
本来无我却执为我，
自此出现无我执我。

任何时候近取爱执，
陷入烦恼五毒泥淖，
漂流轮回恶趣浪尖，
永远不达解脱海岸。

究其根源就是心性，
因缘就是无欺业果，
因缘果报一切等类，
都是自心戏变所致。

心的本质空寂无及，
虽然属于无根离本，
但被心所顷刻染污，
沦为习气谬误之奴。

分别忍受报应祸福，
这是世俗错误感觉，
归根到底空洞无义，
跟那梦幻没有两样。

安乐苦难都属无常，
名气与否也是无常，

财富与否也是无常，
褒奖与否也是无常。

一切都在须臾变幻，
没有所谓长久谛实，
自从有想直到今天，
所有遇到安乐苦厄，
只是留存无常空名，
顷刻之间变化不定。

因此对于虚假感觉，
不要抱有顽固执著，
若是安乐就让安乐，
安乐本身空洞不实，
若是苦难就让苦难，
苦难本身空洞不实。

五门[1]所显一切景象，
各个都是本质空洞，
修炼万法坛城之内，
不要拘谨放松便是。”

① 五门：眼、耳、鼻、舌、身，称五门识。

喜噶白措增强了信心，证得妙悟。之后，培养了很多学生，驾虹而逝。

在觉摩隆，给人、鬼、天授予灌顶和教诫，使他们成熟解脱。征服缅甸（འབར་མ）三兄弟。

之后，来到拉萨，受到僧俗大众的迎接与斋茶款待；受到以吉祥天女和支宗赞巴（ཁྲིབ་རྫོང་བཙན་པ）为首的吉曲河下游所有天、龙、土地神的侍奉，众人有目共睹。

他前往朝佛之地，门栓自动打开，释迦牟尼像连说三声“善哉！”法音响彻不动佛界，授记为善逝菊蕾。从燃灯佛心间放射出酥油灯一样的光亮，隐入热译师头顶。无量光佛宣说未来的许多情况。弥勒佛像伸开臂膀抚摸他的身体。度母、药王佛、马头明王们亲自食用供品。金刚手大势至和秽迹金刚清除障碍。从大悲心间走出法王松赞干布，给他授予许多教诲。

于是，热译师向释迦牟尼像供奉五两涂金，500驮酥油供灯；向其他神殿供奉许多美衣、涂金、供灯、幢幔等；向大悲像供奉七两涂金、300驮酥油供灯、银质供灯、曼荼罗；向小昭寺的释迦牟尼像供奉二两涂金、100驮酥油供灯。向其他神殿也供奉了美衣、金粉、供灯等大量物品。为房墙、壁画和水坝竣工举行开光仪式。

在游览期间，于药王山（ལྕགས་པོ་རི）看见琉璃世界，于温瓦（བོང་བ）山看见弥勒菩萨与普贤菩萨论法，于西山幽处看见叶衣女。

在鲁普岩（ཟག་ཕུ）期间，其龙亲献命根；亲瞻观音三众尊容。在江边进行放鱼（放生）活动时，所有龙王从水中翘起头，向热译师顶礼膜拜，众皆有目共睹。

热译师在布达拉宫附近住下来，向贵贱人等宣法，为数以万计的人分别授予出家戒和近圆戒，为操不同方言的无数信众前来朝拜而说法。

此时，彩虹与光芒相映生辉，天女散花，瑞象万千。他的法音均以各自的语言领会，大家产生永恒的信仰。立下无以复加的规距，从早晨到傍晚，进行摸顶加持，历时九个月，一直不断。得到很多供品，统统用来书写《十万大般若经》达 400 部，制作画像、塑像、唐卡，修建佛塔等不计其数。

向桑普（གསང་ཕུ）等寺的僧众提供斋茶及施品，为了常年不断地唪颂佛经千百遍，每年投资黄金百两。向一般民众施舍所需生活用品，促使他们在四大节日期间保证不杀生，每逢十五日和三十日，信守斋戒，赎命放生，遵守封山令、封河令、封路令等。

向鄂译师（རྔོག་ལོ་ཙྪ་བ）赠送金光灿烂的《大般若经》六部，以及金子、松耳石、马鞍、锦衣等数以千计，并以万驮青稞之俸建立法缘。向贾·持律（རྒྱ་འདུལ་བ་འཛིན་པ）馈以《大般若经》为首的礼品，建立贾俸法缘。

同时，向哲·喜饶巴（འབྲེ་ཤེས་རབ་འབར）、班（འབེན）、若·宛保（རོག་སྟོན་པོ）、斗巴卡且（སྟག་པ་ཁ་ཆེ）也赠以数量相等的供物。塑造 120 万尊红泥小佛像，每十万尊作为 40 驮资。凡有神殿和修炼之地，反复举行百供、千供等白业功绩，举世无双。尤其广泛传播甚深吉祥大威德灌顶及讲授，使以雄·格登（ཤོང་དགེ་འདུན）为首的学生 5 500 名践获不可言喻的虚空一般的智慧，证得殊胜大手印成就，以后他们个个为民广做善事，然后变成飞天而逝。

热译师又来到耶巴，住在鲁普禅洞，向以前法王母子修建的神殿及其佛像等供奉供灯、涂金、香等数以千计。同样，朝贡由21位得道高僧开光的身依羯沙流波坭（ཁ་སར་པ་ཎི）文殊像、口依无上般若和朱砂印《大众部》经卷，向鲁普岩、桑朱（བསམ་འགྲུབ）寺、吉祥天女（དཔལ་ལྷ་མོ）殿同样作了供奉。

修葺佛塔时，粉刷了用各种药材合成的白灰。这里又聚集了以朗擦端那（ལང་ཚོ་སྟོན་ནག）为首的近2 000名学生，给他们授予教诫后，全都飞逝无踪。

约住了五个月之后，复又返回拉萨。如以往一样，向佛像等献供，向僧众斋施。

在帕邦喀（ཕ་བོང་ཁ）宫静修时，一日清晨，忽闻空中鼗鼓声震响，寻声望去，只见金刚亥母被空行五部簇拥而来，说：“今天要来一个我的化身，把她纳为手印女吧！”言毕，隐入云层。

当天，从康丹玛（ཁམས་ལྡན་མ）果然来了一位姑娘，名叫叶芸赛措（ཡིད་བཞིན་གསེར་མཚོ），身色白皙纤嫩，眉间有一颗左旋太极图，具有钻地入云之神通。她向热译师奉献了一颗盛满黄丹的颅骨，说：“恳请垂愍！”知道此为授记，便纳为手印女。

这时，在拉萨有一个名叫角·都瓦增巴（སྐྱོ་འདུལ་བ་འཛིན་པ）的有名大善知识，热译师对他顶戴有加。但他嫉妒性强，转而不敬，说：“你作为出家的堪布，应该具备堪布其中之一——懂得比丘戒律。而你每晚享受酒肉，有时放咒杀人，暗玩女人。像你这样的充当堪布，有伤佛教！”大肆诽谤。

热译师变成金身释迦牟尼佛，光辉灿烂，说：“这样伤害佛教吗？”

都瓦增巴还是不买账，说："你这仅仅是玩弄障眼法！"热译师脱口说偈：

"享用酒肉就是会供，
接近女人就是业印，
解脱背信弃义的人，
就是密宗的三昧耶。

本人权且知道这点，
与你比丘没有两样，
你是背信旁门左道，
七日之后定归西天！"

他说："随你怎么说，别人身上应验的，在我身上未必应验。"随后，听说他大炼《佛顶大白伞盖陀罗尼》《般若心经》等遣除法，大念佛经，大作经忏。而热译师却跟往常一样悠然放逸。

七天过后的凌晨，角·都瓦增巴说："我没有什么事了，等天亮之后我去戏谑他。"话音刚落，随着隆隆雷声，风雨交加，他的声、口、意本尊木然僵直，呜呼丧命。

热译师为死者举行会供朵玛、回向，将亡灵超度到文殊佛界去了。

此事被领主闻知，大为不悦，说要进行惩罚，便夺其乘骑，贬其亲属。热译师在弘法之时，他派人捣乱劫掠。弟子们说："他们如此凌辱我们，上师如果有功夫，现在该到施展的时候了。"热译师说：

"你们以为我已老朽？

以为天上冰雹枯竭？
以为雷声悄然逝去？
以为母羊消失村头？
以为地祇昏然入睡？
施展法力舍我其谁！”

言毕，仰天做法，霎时乌云密布，雷声几乎撕裂天地，电光闪烁，彗星坠地，霹雳和冰雹昼夜下个不停。消灭了领主及一切坏人。从前信仰热译师，且不与他为敌的人的房田虽然与那些人混在一起，但丝毫无损，大家都觉诧异。热译师因唱道歌：

“伟大上师与本尊神，
没有区别容我一拜，
我等众生为证菩提，
恳请你们慈悲垂青！

无明所蔽的耕耘者，
牵上二取一对耕牛，
架起歪理邪说的犁，
翻耕没有尽头土地。

撒下烦恼五毒种子，
恶趣苦果得以成熟，
我是一名心慈咒师；

不忍眼前如此惨状，
从来就在清净关隘，
建有不变三身灶石。

万相作为道用颅骨，
盛满各种心识血液，
自生自长堆积秽灶，
无边无际观点空中，
布满无执修炼黑云，
驾驭力量降下冰雹，
砸毁恶趣苦难庄稼。

在胸襟宽阔的空中，
布满无限仁慈厚云，
降下大量法蕴冰雹，
捣毁八万烦恼庄稼。

在那空明天龙空中，
使用猛咒布下黑云，
降下冰雹融为洪流，
冲毁敌方物质庄稼。

对于平常因果庄稼，
对治冰雹如此而已，
从事密咒的晚辈们，
如需降雹就该这样！”

大家都叹服，其追随者与声誉更多更高。

事业如日中天，倥偬不遑，便想静修一番。正在这时，阎罗王胯下骑一头状如山岭的黑水牛，手持镜子和盛满甘露的宝瓶，被鬼卒们簇拥而来。他把宝瓶献给热译师，说：“大师，若想静禅的话，在丹达（ལྡན་མདའ）有座青面山，它形如盔甲。如住在那里，藏区可免遭兵刃之祸。”说罢，钻入地下不见。

于是，热译师就从拉萨启程，越过吉曲河，向上游进发。在采工唐（ཚལ་གུང་ཐང）等地饶益民众。来到朵丹沟（སྒྲོད་ལྡན་ལུང་བ），在青面山顶修建禅寺，取名密宗法寺，就住了下来。在静修三个月期间，亲瞻无数佛、菩萨显灵，只听他们说：“与其百劫静修，不如一日益人。自己只修寂乐，这不是菩萨的志向。还是饶益民众吧！”

结束静修后，复又护育徒众，身边聚集了雄·多吉坚参等近 3000 名学生。供物与供奉更加隆丰。向他们授予灌顶和讲授后，从坛城中间出现声光，宝瓶、冕旒和法器等腾越空中，或飘向学生们跟前。大家都功行圆满，掌握神通，个个为民做了广大善事后，飞天而逝。

这样，白天为广大僧学传播法理，晚间入定甚深三摩地。水狗年仲秋初五日夜，来了三名美女，只听她们道：

“家住耶让巴若大师，

此世所化业已结束，

准备前往无漏世界，

你欲探望即刻动身！”

言毕，发出一声密宗“哌”，分别变成扎枸玛里其冈拉（ཛཀྱི་མ་ལྒྲི་ཀ་ར）天女、苏喀桑德（སུ་ཁ་སིདྡྷི）天女和尼枸玛（ནི་གུ་མ）天女飞向天空。

第十六章　凭吊巴若恩师

正当热译师准备前往尼泊尔。临行之际，学生们献上礼金，纷纷要求一同前往，但热译师未允，自己带上金子，腾空飞去。

当飞临拉堆上空，俯瞰下方时，只见热琼巴（རས་ཆུང་པ）大师正往印度方向行走。热译师落到地面，与热琼巴结伴而行。热琼巴有个同路人，名叫吉端（སྐྱིད་སྟོན），是个大圆满师，他见热译师未向他鞠躬施礼，不禁怒从心起，说：“在热琼巴提供饭酒的人当中，只有您上师了。这个热译师真是恃才傲物！”云云。

到了尼泊尔后，各自投宿。热琼巴径自去了印度。热译师到耶让的尼玛当，拜见巴若恩师，奉献黄金千两，躬身善伺。他把自己所著的经典呈上恩师，说：“这里面是否有错谬，如果有的话，是不产生加持力的，恳请斧正！”

巴若合掌举过头顶，说：“徒儿，我曾经对你寄于厚望，如今学有所成。这些无非是句义两方面的问题，我觉得在圣法中丝毫没有掺杂藏族的说法，与班智达所写的不分上下，令人叫绝！”这样，热译师连续三次释疑勘校，巴若也显得非常愉悦，连说三声“善哉。”

虎月（藏历正月），根据巴若的吩咐，印度、尼泊尔和西藏的学生们大概都到齐了。热哲（རྭ་འཛེ）、玛恰（མལ་ཆག）和瓦日（བ་རི）等五译师也团聚了。巴若说：“现在我的所化业已结束，该轮到你们了。今天我打（最后）一份父俸。”给每人送一份圣物和教诫，并说了许多吉祥赞词和授记，以加持未来事业。尤其赐给热译师九层大氅，并让他坐在三层法台之上，作了许多赞颂授记。

这时，在热译师头顶出现了各色彩虹的五层宝盖，出现了许多无人擎举的幡幢悬旌，奇兆不断，众人臣服。

巴若说：“我最心爱的高徒多杰札，你是文殊菩萨的化身，尤其是猛厉吉祥大威德真身。不用说向你请受教诫，哪怕稍微伺奉一下，就会涅槃于佛国净土。”

授记之后，一边敲鼗鼓，一边口念“唵”（ཨོཾ），吉祥大威德坛城冉冉升空，巴若隐入其中，一会儿坛城也就消失了。

巴若恩师的学生们非常恭敬热译师，纷纷要求受法。热译师授予他们教诫后，许多人驾虹仙逝。尼泊尔国王西拉巴札（ཤྲི་ལ་ རྒྱལ་?）及王后、王子们也得到成就。此外，尼泊尔的许多班智达、瑜伽师、俗家男女均被成熟解脱。

有位名叫布曲赞札（བི་ཏྲ་ཙན་ཏྲ）的外道大师，他设立辩坛，准备与热译师一决高下。热译师3次驳倒他，故恼羞成怒，举兵威胁。热译师连念二声“吽吽”（ཧཱུྃ་ཧཱུྃ），口中喷出火焰，外道师一伙被化为灰烬。

上述提到的那位热琼巴的路友，因喝酒打架，杀死一人。咎其罪过，执押于扬布（ཡམ་བུ）城监狱，被判死罪，不日正法。热译师交给 60 两金子，保释出狱。他心服口服，请受佛法。

热译师说：“你是个标准大德，怎么向自恃清高的我求法呢？”他流下了悔恨的眼泪，说：“无论如何，您说得对。我积下如此语罪，今生立即得到报应。现在向您忏悔，务必授我教诫。”磕头不止。热译师授予灌顶和教诫后，他得到中阴成就。相传，后来成为一名对民众有益的人。

此后，热译师到了邬金（ཨོྒྱན）国，那些食肉空行作出恐怖姿态，降下戈雨，口出秽言，从中作梗。热译师显出吉祥大威德身，口念“派噶拉”（ཕཻ་ཀ་ར）咒语，声如雷鸣，所有空行女木然昏倒。待苏醒之后，空行女们尽表衷肠，效忠左右。

大成就者拉里达班匝尔（ལ་ལི་ཏ་བཛྲ）为会供长，从他那里复闻吉祥大威德灌顶和教诫等。为了表示在邬金来过，热译师特带了空行头发、七生肉、诃子树叶，以及果谢喀檀香（ཀོར་ཤི་ཁ）的鲜花，驾着日光返回藏区。

第十七章　会飞的箱子与狗

这时，社会上传颂着热译师四次去尼泊尔和一次去邬金，然后一天到达西藏的佳话，誉满天下。从卫、藏、康三地前来求法和献礼者络绎不绝。尤其是善知识贾·持律带着锦缎 2 000 匹、价值上万的牦毛千头前来请受教诫。被授予灌顶和讲授后，错误化为光明，离却执著，证悟朗然而显。后来培育学生约 2 000 名，化虹而逝。

一位名叫角塞·关确加（ཇོ་སྲས་དཀོན་མཆོག་སྐྱབས）的咒师也带着茶砖千批、马 500 匹前来求法，得到灌顶和教诫后，加以证修，解脱自我，成为一名度化他人的成就者，后来去了地下吉祥门，现仍健在。

一个名叫格玛加（དགེ་མ་ལྕམ）的姑娘也带着一枚昂贵的红松耳石献给热译师，得到真传后，用心修禅，十地功德圆满，然后化空行而去。

如是得道学生很多，在禅寺容纳不下，大家分散到丹地上中下，扎下茅屋，到处都是。

那时，年译师住在卓么堆的上年关（འབྲོ་མ་སྟོད་གཉན་མགོན་ཁ）地区，他精通征服三红术，听说曾经征服了许多印度和尼泊尔的政要与大德。他想如法征服热译师，几经折腾，仍未得逞，故醋意大发，认为放着他必伤我的事业，遂放施恶咒。

热译师却说：“年译师在向我们放咒，应认真对待。”他向以前是泽师

（འཛེམ）的高足，后来成为热译师的学生多译师（རྡོ་ལོ་ཙྪ）交给二两黄金，说：“你去告诉他，说我们的讲闻不伤害上师您，如总觉得圣意不顺，我等可弃寺而去。若一味务猛业，恐伤性命。”打发前去。

年译师却说：“你们在向我炫耀咒力！”不予理会。

多译师回来后向热译师作了汇报。热译师说：“那么，（说与不说）是一样的啰。”

一天，热译师正在主持讲闻，忽然，由年译师抛掷的驱鬼朵玛掉落到热译师面前。他只一击掌，那朵玛调转头飞向岩洞，其痕迹至今仍清晰可辨。

一会儿，兵马布满整个丹地的沟垅。热译师变成大威德身，把这些兵马从右鼻孔吸入，又从左鼻孔呼出；将喽罗们变成四臂护法，被收为奴隶。

不一会儿，对方施出威猛法，真言沙滚沸，发出震耳欲聋的可怕声响，金刚橛火熊熊燃烧等怪象不断。

过了五天，年译师染病，对近侍说：“把念珠拿过来！”接过念珠，想一口吞下，不料八九颗散落于地。年译师因说：“机缘不好，看来自己很难取胜，但也要与热译师同归于尽。现在我用80岁老身换他也可。”

言罢，一命呜呼。年译师的个别死硬学徒，分崩离析；绝大多数学生却追随热译师门下。

从沃喀（འོལ་ཁ）来了迎请者，热译师随之前往。在支噶（ཟིག་དཀར）和直贡（འབྲི་གུང）等地饶益民众。各地进行侍奉、献供者无数。在拉姆（ལ་མོ）期间，在一个巨石上留下母犏牛的蹄印，镇慑塞查巴（བསེ་ཁྲབ་པ）一行。在杰（ཀྱེར）期间，当参拜吞米·桑布札（ཐོན་མི་སམྦྷོ་ཊ）的文字献新[①]遗迹时，从中渗出甘露。在嘉麻（རྒྱམ），为瞻仰法王松赞干布的诞生地而祈祷时，整个沟垅充满彩虹，天上降下如雨一般的银色六字真言，有目共睹。

在直昆（འབྲི་ཁུང），由吉祥祖婆护法（དཔལ་ལྡན་ཨ་ཕྱི་མ）和地祇请受居士戒。在墨竹（མལ་གྲོ），墨竹地祇兴风作浪，播云罩雾，降下雨一样的蝎子和蝌蚪；白蛇、黄蛇、红蛇、绿蛇、黑蛇等长短不一的各种蛇如电跃腾；荷枪实弹的军队如排山倒海般袭来，意欲从中作梗。

热译师变成吉祥大威德，用九张嘴把那些动物吸食了，用三十四法器的旌旗拨去云雾，用脚踩住墨竹地祇众。他们都俯首称臣，发誓唯命是从。在日脱（ར་ཐོག），为许多兀鹰修缘，使它们化虹而去；又解脱了很多狗、雕等。

热译师又到沃喀直垅（འོལ་ཁ་འབྲི་ལུང）、沃喀格垅（འོལ་ཁ་དགེ་ལུང）、沃喀确垅（འོལ་ཁ་ཆོས་ལུང）、臧西（རྫིང་ཕྱི）、贾索拉当（རྒྱ་སོག་ལྷ་སྡིངས）、噶尔普加岩（མགར་ཕུག་བཙའི་བྲག）和类如齐（རི་བོ་ཆེ）等地，各地民众不分高低贵贱，均给予隆重侍奉和供养。

以噶尔·阿匝日牙（མགར་ཨ་ཙ་ར）和噶尔·格瓦索南（མགར་དགེ་བ་བསོད་ནམས）为

① 文字献新：吞米·桑布札制定藏文后，作偈颂献给松赞干布。

代表的学生先后聚集了约3 000名，在给他们授予灌顶和教诫之时，彩虹与花雨遮天蔽日。一切学生取得了首屈一指的证悟，执著自解，每个人都为民众做宏大的事业。把一般信众引向弃恶从善之道，多数人受出家戒、受近圆戒。把所得到的礼品都用来布施当地僧院，赈济所有的困难者。

在沃喀直垅绘制唐卡时，出现罕见日食，瘟疫四起。热译师发出命令后，自动消失。在确垅印造《大般若经》时，一时找不到誊写者，但对裁好的纸经过开光之后，文字自然出现。

这时，善知识贡索（ཀུན་བཟོད）说：“大师无论做什么，都能顺利办成。这是怎样弄的呢？”热译师用道歌答之：

“藏族小僧我多杰札，
无论做啥像模像样，
你觉诧异询问何故，
要说此理如是这般。

既不打仗也不放毒，
但将敌人轻松制服，
非我擅长恶咒法术，
关键征服执著敌人。

未以金钱人马招引，
但是吸引大家通人，

非我发奋征服技巧，
关键控制内心印象。

未开药方也未算卦，
但是病魔自动走开，
非我精通充饥仪轨，
关键远离内心五毒。

既不耕作也不经商，
但是财富如雨充盈，
非我潜心发财门道，
而是开启光明宝藏。

无论财物或多或少，
全部用来布施民众，
非我喜欢哗众取宠，
而是习惯积善行德。

尽管遇到箭雨刀林，
但对我身丝毫无损，
非我炼就尚武本领，
而是谙熟生起次第。

虽然没有生活条件，

但凭变化如遂心愿，

非我娴熟障眼法术，

而是通达圆满次第。”

贡索大为佩服，追随麾下，对其授予灌顶和讲授，使其成熟解脱，后来成为一名能够培养约400名学生的大成就者。

在斯（སྦས）期间，热译师在一施主家做法泼撒青稞，许多青稞粒钻入柱子或墙壁。在臧西，当朝觐弥勒佛时，天空降下如雨谷子。在贾索，看见中阴之阿赖耶识，被度往净土佛国。在拉当，七寻香女献以歌舞，给她们授予教诫。

在驻锡贾岩（བཙའི་བྲག）期间，他行走在人们难以看见的悬崖陡壁上，从远处眺望，他似在给动物们宣法。后来，峭壁上留有许多蹄印，所有动物们得到解脱，虹光入尸。在格垅（དགེ་ལུང），沃喀的一切地祇们前来听命，给他们授菩提心，授予戒律。

夏天，来到沃代（འོ་དེ་གངས）雪山，沃代贡杰大神率众鞠躬侍奉。在噶尔禅洞静修之时，护法王一行前来，稍奉茶茗之后，顿逝太虚。把茶熬后喝了，谁都得到妙灵证悟，即使千人一起饮用，也不穷尽等，奇事不断。

在类如齐，与一笨教徒辩法，结果热译师获胜。那笨教徒大为恼怒，持械挑衅，热译师只吹一口气，那武器像酥油一样消融。笨教徒吃惊不小，敬奉礼物，诚心悔过，请求垂顾。热译师授予灌顶和教诫，并使其禅修，得到成就，人称“黄兴饶禅”（གཤེན་སྒོམ་ཤེར་པོ），后来做了许多有利于笨教之事，而飞逝苍穹。

热译师翻越喀达岭（མཁར་སྟག་ལ），来到宛（འོན）地，走遍上中下，以正法导化众生。得到氆氇、酥油、青稞等许多礼品。

对以扎西俄本尼姑（བཙུན་མ་བཀྲ་ཤིས་འོད་འབུམ）为首的524名学生授予灌顶和教诫，大家同时得到解脱，证得无漏功德。

这时，桑耶寺所属地方与寺庙的鲁梅（ཀླུ་མེས）派与巴热（སྦ་རག）派械斗成仇，将桑耶寺付之一炬，墙倒屋塌，一时未能修复。

热译师听到这个消息，打算修缮。在从宛地起身的当夜，为了了解桑耶的地方神是否利害，放出三摩地火。五护法王向香灯师亲自显灵，说“明日我有大难，我要走了。”逃向远方。香灯师暗自思忖，到底要来什么大难呢?

过了两天，热译师一行带着厚礼，浩浩荡荡而来。参拜过所有圣殿，一一供上金粉、哈达、千供等，并祈愿佛教兴盛。之后，来到僧财库，问“主人何在?”有人汇报了情况。热译师说：“看来需要收拾他。从下面找来一块石头!”

有人把石头送到他面前。他着人挖坑，接着结铁勾印，口念“匝吽”（ཛཿ ཧཱུྃ），五护法王众战战兢兢从地下冒出后钻入石头，有目共睹。

一只独眼隼和金刚札丹（རྡོ་རྗེ་གྲགས་ལྡན）献上白螺，从中求情，但未答应。即使大夜叉、黑腹鹰和布札黑魔共同兴风作浪，但都被关在地洞里。

白天用铁条抽打那石头，晚上用鞋子盖住。过了七天，独眼隼向人们求情：“热译师喇嘛把我等头人关押在监，每天抽打百遍。你们央求一下。不管我怎样做，但还是不搭话。”所有桑耶人都来到热译师面前说情：“一般说来，五大护法王是整个世界的主宰，是藏区的护法神，尤其是本地非同寻常的战神。请不要这样了！”

热译师说：“莲花生大师委任他们守护桑耶寺殿。但他们不仅不看护，而且助纣为虐，我打算彻底根除之，你们休要多说！”人们又苦求一番，方才答应。把护法王们放出地坑，没去痕迹，把石头送回原处，清理干净。

于是，护法王们向他呈交命咒和成就法，发誓供奉不怠。

从沃喀砍伐木材，截断君达（སྐྱོངས་མདའ）江水，神奇般运来此地。招收木工、泥水匠、画师等 500 人，修复以如（宝顶）、泽（屋顶）、柔（经房）（དབུ་རྩེ་རིགས་གསུམ）为主的所有殿堂。

由热译师的高徒热·确饶负责这项工程，一共花去十万驮费用。用所剩颜料修复江边玉拉康庙（གཡུའི་ལྷ་ཁང）的屋檐、金顶。这项工程由东巴·仁青多吉负责（སྟོན་པ་རིན་ཆེན་རྡོ་རྗེ），所花费用为一万驮。

修缮工程结束后，准备给匠人们付工钱，其中泥水匠说：“墙是由我砌的，我要得到更多的工钱。”木工说：“我不封顶的话，墙起不了任何作用，所以我要更多的工钱。”而画师说：“如果我不绘制神像，即使你们修了庙宇，也起不了作用，因此我要更多的工钱。”大家意见不一。

热译师说：“你们不要这样，为了积德消恶才把你们叫来的。再说，不叫你们也可以，你们瞧！”师徒们来到噶曲滩（ཀ་ཆུའི་ཐང），在地上画了个图，立即出现墙壁；又入三摩地定，所有木工活自动完成；在一盏供灯内盛满水，并予以加持后，从中出现了称心如意的颜料，用它进行绘画。

这样，一天之内圆满完成了建造神殿及佛像等全部工程。工匠们对此十分愕然，纷纷要求宽恕争吵之过。热译师给各个工匠酬答马匹、玉器、锦缎和云母等物达万驮。

大家都心满意足，说："我等在卫藏地区所修建过的一切土木工程中，惟独这次报酬最高。"有的工匠还把工钱奉还给热译师，请受教诫，并以理修炼，也功行圆满。

他们各自为民大量做事，寿终之后，分别出现彩虹与舍利。当进行开光之时，天空光帐点缀，繁花似锦，交响音乐不奏自鸣，佛像翩跹起舞，面带微笑，如是奇景不胜枚举。

庆祝会结束那天，只听热译师说："今天我要展示一下功夫。把所有的空器皿口朝上放好！"大家都照办。

第二天早晨，每只器皿装满肉、酥油、甘蔗、酪糕、米饭、面粉等。仅从一只小罐内流出不尽茶酒。从四面八方聚集了足足 6 万人，尽管享用盛宴达一个月，但仍然无穷无尽。无论谁品尝了它，病魔根除。

这时，善知识科译师（དགེ་བཤེས་ཁུ་ལོ་ཙཱ་བ）在桑耶噶夏滩（དཀར་ཞལ་ཐང）设立法座，邀请热译师登坛宣法，上下桑耶地方的近万人前来听法。有的人把刀箭交给热译师，发誓不再杀生；发誓守近住戒者、念经者、行善者不计其数。受出家戒和近圆戒者逾 700 人。得到的供养有马、犏牛、金、玉、哔叽、氆氇、酥油、青稞、刀等数以万计。给以善知识为首的有缘弟子约 3 000 人授予吉祥大威德灌顶和教诫，天空降下青莲雨，以前从未闻过的香气弥漫各地，坛城和神众在天上踊跃闪现，当地人们经常有目共睹。

善知识科译师身患恶性肿瘤，此时也痊愈了，并得到成就。其他人的根本位和后得位[①]相得益彰，证得妙灵正觉，能够充分为民做事。

应苏喀（ཟུར་མཁར）和智（སྒྲགས）等地的达官贵人之邀，热译师前往那里（弘法），以圣法导化众生。受出家戒、居士戒和近圆戒者也很多；以灌顶和示教解脱的学生有80余人。

尤其在驻锡苏喀期间，一个叫做沃塞撰（འོད་གསལ་སྒྲོན）的女乞丐，患有肾型水肿，热译师授予吉祥大威德灌顶，并教给她上身伸直功法，水肿消散，病情好转。给她授予讲授，得到成就后，看上去像个16岁的妙龄少女。她变化神通，去龙宫带回许多金子，献给热译师，以示谢恩。后来，成熟解脱了约千名学生。去世时，香气弥漫整个山沟，骨灰显出六字真言和许多佛像。

热译师来到钦普（མཆིམས་ཕུ）、雅马陇（གཡའ་མ་ལུང）和支玛（བྲག་དམར）等地，给多名大禅师授予灌顶和讲授，其中证悟圆满者不少。在钦普期间，厉害的护法神达拉（བཀའ་སྲུང་རྡོང་པོ་ཏ་ར）和持明女兴妖作怪，被热译师发威制服。在雅马陇，热译师骑上马在悬崖峭壁上奔驰。在支玛，运用神通，钻入主神像头部，然后从心间出来。又越过果噶岭（རྒོད་དཀར་ལ），朝丹尼（ཞན་ཉིད）方向走去。给学生们讲经释难，发掘典谟之宝藏。把所有得到的供物用来供施拉萨、耶巴（ཡར་པ）和桑普等地佛刹。

应邀前往涅（གཉལ）地的桑布拉法会（གསྲུ་རའི་ཆོས་འཁོར），在日当桑毛切（རི་སྙིང་ཟངས་མོ་ཆེ）、扎果（བྲ་གོར）、昂加（ངང་རྒྱལ）、正列（དྲིན་ལས）和郑唐果若岩（འབྲིན་ཐང་ཀོ་རོ་བྲག）等地饶益民众。所到之处，信众如潮。饮食财物堆积如山。每当进行灌顶和讲授之时，天空布满虹霓，出现许多仙子仙女，向热译

① 根本位和后得位：指在修炼期间和修炼之后。

师和坛城绕匝顶礼；地上的广大花圃姹紫嫣红；朵玛食子变成甘露；瓶水散发芳香气味。大家不由起信。

以聂哇·仁青沃玛（སྙེ་བ་རིན་ཆེན་འོད་མ）为代表的僧学 1 200 人和咒师 800 人都亲眼目睹吉祥大威德显灵，他们能够驱役鬼八部。

又到黑白罗若（ལོ་རོ་དཀར་ནག）、夏玉（ཉ་ཡུལ）等地，向无数众生宣法后，使他们信守斋戒，给百余人授出家戒、近圆戒。给以夏玉哇·南喀智（ཉ་ཡུལ་བ་ནམ་མཁའ་གྲགས）和坡热哇·白玛果恰（ཕོ་རེ་བ་པདྨའི་གོ་ཆ）为主的学生 4 350 人授予灌顶和教诫，他们各个得到驾驭神通的本领，都能饶益民众。得到很多供物，用它们来赎回约百名囚徒，平息纷争，修建路桥等。

又北上，向当地人们弘法。征服戎赞巴（རོང་བཙན་པ）等当地豪强。用甚深灌顶和教诫，成熟解脱学生近千人。得到丰厚供物，都作为供奉卫嘎（ཝེ་ཀ）等神的经费。

应邀前往塔波（དྭགས་པོ）方向，遍访拉章（བླ་འབྲིང）、塞嘎（ཟེ་དཀར）、协聂（ཞྭ་བསྙེལ）、松嘎（ཟུང་དཀར）、扎坡当（ཟ་ཕོ་སྡིང）、喀托（མཁར་ཐོག）、江拉（ལྕང་ར）、仲巴（གྲུམ་པ）、俄尔（ཨོར）、戎嘎（རོང་དཀའ）、夏普（ཞལ་ཕུ）、岗波（སྒམ་པོ）、沟热（སྒུ་རབས）、王仁（བང་རིམ）等寺院。从灌顶、大众弘法和授戒三方面着手，成熟解脱广大信众，给大部分人播下佛法种子。所得到的供物堆积如山，且源源不断，但都用来供施岗波等地的胜迹，向各位大师敬奉大礼、供奉僧伽、资助世俗节日等，自己连一升的东西都不聚敛（喻毫无私用）。

塔拉大神（དྭགས་ལ་སྒམ་པོ）、山路神、法神和钦神（མཆིམས་ལྷ）等都向他供奉，并请受菩提发心法。向被麻风病折磨的 175 名男子授予灌顶和教诫，并让他们修炼，病患当即根除，各个都明确了通往后世之道的方向。那些断鼻者、掉指者、脱发者都恢复如初。

应玛久·贡宗德茂（མ་གཅིག་གོང་བཙུན་དེ་མོ）和觉沃·贡拉嘎保（ཇོ་བོ་གོང་ལྷ་དཀར་པོ）二人至诚邀请，热译师准备前往。当到达江边那天，师徒一行足有 2 000 人之众。其他人前面走，热译师后面行。船夫说：“我怎能摆渡这么多人?”不肯开船，还说了许多风凉话。

这时，只见几个侍从腾空跨越，有的人踩着虹桥而过，有的人徐徐越过江面到达岸边。等大家都渡完了，热译师也随后赶到，问大家：“你们都没有乘船吗?”答：“没有。”热译师入三摩地定，把江水变成了河床，“现在作法开光了，以后不再泛滥了。”船夫们害怕了，“我们的生活就靠摆渡维持，请千万不要这样。”苦苦求饶。许多龙王也肯求道：“请不要毁了我们的家园。”热译师解除定力，大江又恢复正常。船夫们都信仰不已，纷纷追悔莫及，要求宽恕未开船之过。其中一个船夫跟随热译师，给他授予灌顶和教诫，并使他修炼，得到成就，人称“兰·多尔保”（ཟླན་རྡོར་པོ）的便是。

又到了贡布（ཀོང་པོ），给众人宣法。杜绝了邪恶昭彰之流，赎命放生，开创了顶礼、绕匝、念经、会供等先例。那些受出家戒、近圆戒，以及教诫者经过修禅，都证得妙悟。正当大家顶礼膜拜之际，出现了一位姑娘，她是贡布阿加（ཀོང་པོ་ཨ་རྒྱལ）之女。只见她面如金箔，发如黄丹，芳龄十二。热译师依据授记，知其为五明妃之一——果日的化身（ཀྭ་རིའི་སྤྲུལ་པ），故纳为手印女。

为此，人们对他产生反感，“这是个假比丘，他劝导人们远离非善，自己却不忌讳。更为严重的是，他还玷辱了工布阿加之女，应该除掉这个恶棍!”

于是，将他们师徒一行拿下，投入监牢，戴上镣铐。有的被扔到火里，有的被投到江中，有的被乱石砸伤等。热译师（发功），铁镣像酥油一般融化，把火变为水，把水变成土，把石头捏为粉末，在监狱墙上行走自如。有的学生在云头翩翩起舞，有的乘着日光而去，有的在刀刃上跏趺而坐，有的把自己变成火龙，有的截水倒流。

热译师变化出许多跟自己一模一样的人，充满天地。人们（加害者）见此情景，大为惊骇，“诸位都是得道高僧，我等不知底细，做出对不住之事，现忏悔认罪。”大家纷纷请求宽恕，在奉献大量财物的同时，迎回那位姑娘。

又到龙布（ལོང་པོ）和年波（ཉང་པོ）等地，用圣法导化众生，杜绝所有杀生之风，向工、龙、年三地的地祇们授予居士戒。之后，去了康朵波密（ཁམས་སྟོད་སྤོ་བོ）以上的所有地区。回到塔波（དྭགས་པོ）后，饶益民众。

不久，热译师来到埃千（ཨེ་ཆེན）、埃群（ཨེ་ཆུང）、埃戎（ཨེ་རོང）、埃亚（ཨེ་ཡབ）等地，迎送隆重，信众云集，所献金银等物无数。弘法之后，使许多民众脱离非善，开创十善之规，受居士戒、出家戒、近圆戒者无数。特别是倡导甚深吉祥大威德灌顶和教诫之后，以埃角（ཨེ་ཇོ）为代表的约1 200名学生，牢固掌握了生圆二次第，亦即成就念功。征服了埃戎地方的所有土地神。

开春后，从埃地下游开始，向雅隆（ཡར་ཀླུངས）上方进发，雅拉香波（ཡར་ལྷ་ཤམ་པོ）山神从中作梗，使雪山“咔咔”崩裂，雷声大作，一片乌云飘来之后，连续 七昼夜大雪不断。

因此，热译师的坐骑、驮子和一位有名的侍从都被夺去了生命。热译师开始烦躁起来，心想，莫非我热译师老了？大威德软弱无能了？香波神太厉害了？牛角尖磨光了？想到这里，向雪山作出反击的姿势，只见雪山消融三分之一，露出黑乎乎的岩石。

此时，只见香波神一身白衣，眉如绿松石，牙如白螺，年方十六，连忙磕头，说："尊师啊，我们杀害了您的一名小僧，而您却超度了我的手鼓敞铃式喽罗数以千计，用水牛角掀翻住房。在超度我之后，复又使我起死回生。现在忏悔冒犯之罪，我准备从上下雅隆地区给您供奉百名沙弥和黄金百两。以后决不再伤害生灵，特别不伤害僧伽。"

言罢，像虹一般消失。不久，热译师从上下雅隆剃度见多识广的沙弥百余名，得到金子百余两。传说，较之人类，鬼神言而有信，持守誓言。

此时，以前度脱的香波神也被起死回生，热译师的那位死亡的侍从也被救活，大家愕然。又继续前行，饶益众生。赞支嘎（ཙནྡྲི་ཀ）仙女奉献忠心，追随麾下。罗睺罗（ར་ཧུ་ལ）神装扮成一个黑面居士，侍奉左右。被授予教诫之后，出现了杂念清净、证悟谛理的学生 500 人。

热译师得到了诸如酥油、青稞、哔叽、氆氇、牦牛、牦乳牛等供物数以万计，都被用来修葺旧寺及佛像，新建僧舍，布施僧伽。尤其为了向雪加巴（ཝོ་སྐྱ་བ）供奉以契经为主的经典 100 卷等，为了（保证）佛教驻世期间所需的费用，特留万驮物资作为公积金。同时，向热图巴（རེ་ཐུལ་བ）也供奉了佛经百卷等，其他费用的物资达万驮。

之后，受到雅隆东、西、中各地的高僧、俗官、一般僧人的邀请，在那里大量弘法，使很多人受沙弥戒、比丘戒和居士戒，决心信守斋戒者、念经者、赎命放生者、不狩猎者、不捕鱼者、放弃盗窃者无数。

在雅隆的唐波齐（ཐང་པོ་ཆེ），向以科·多德扎译师（ཁུ་ལོ་ཙྪ་བ་མདོ་སྡེ་གྲགས）为首的近 2 000 名学生授予灌顶和教诫时，空中响起仙乐，花雨缤纷。这些都表明，习相清净，分别心升华为智慧。后来，每个学生大量饶益民众，去世之后，尸体或者化虹而去，或者出现舍利，有些人将己身证为空行。

在雅隆的塞玛雄（གསེར་མ་གཞུང），听说有一个名叫达玛沃（ཏྲཱ་འོད）的瑜伽师，他对人们宣称："只修空性即可，什么留意业果报应，这是小孩子不了义之法，应该抛弃！"自立教主。

热译师前去度脱他，经几番舌战，热译师获胜。这时，他唱道歌：

"天下就有很多人士，
希望得到圆满佛陀，
但是很少懂得修法，
利用歪教欺骗众生。

虽然法性自古空寂，
但是有法因果无欺，
假如不知这些道理，
只以空性不能成佛。

方便智慧如不统一，

果实二义怎能成就，
树皮手棍如不齐备，
只靠一项不生鼓音。

父亲母亲如不相遇，
无父小儿怎能出生，
应该断除常边执著，
决意抛却不解陈见。

首先根除罪恶根源，
应该依循无疑石棉，
没有纰漏实践为要，
否则恐遭他宗蛊惑。”

唱到这里，他问道：“那么，没有错误的修法究竟是什么呢?”热译师又用道歌答：

“男女禅师请听我言，
一生一世修炼之时，
如欲扫除障碍错谬，
应该懂得如下道理。

界[①]与智慧毫无二致，

① 界：佛界。

智慧遭到垢污蒙蔽，
六道轮回出自这里，
佛与众生处在同时。

真实性质一模一样，
中间有个因果报应，
因果出自阴差阳错，
错误就是因缘和合。

善业鉴辨善与非善，
善恶业果得到报应，
积净实为消业良法，
净果可使圆满正觉。

如是理解的瑜伽师，
即使领会取舍含义，
但因只论因果旨奥，
脱离实际空言滔滔。

请勿只图自己平安，
事无大小回向众生，
有了无偏无私悲心，

众生事业轻易办成。

如意真语如意祈祷，
一切祈愿归向众生，
心想之事如意成就，
众生得到吉祥妙欲。”

他流下了敬信的眼泪，奉献粮食百驮，请求宽恕贸然辩论之罪。

这时，聚集了以达玛沃为代表的学生 1 050 名，给他们授予灌顶和教诫之后，各个地道自然圆满，驾驭生死。

又来到穷结（འཕྱོངས་རྒྱས）上中下所有地区，当地人神都奉茶款待。向集会大众宣法之后，把无数民众引向十善之道。收到佛经、金银礼物不计其数。应科·尼左（ཁྱི་ཉི་ཚོ）之请，被授予吉祥大威德灌顶和讲授之后，出现了具有五先知的学生 1 724 人。

又到却（འཕྱོས）、坚叶（སྤྱན་གཡས）、香喀尔（ཞང་ཁར）等地，向俗众宣法，向弟子们授予灌顶和讲授。从每个地方至少出现了现证离垢、无上智慧的学生200 名。特别是尼姑华列加（དཔལ་ལེ་ལྕམ）向热译师奉献了土地、房屋、财物等后请受佛法，被授予教诫之后，产生良好定功，后来随着虹光化为飞天。

当热译师来到雍布拉冈后，隆重供奉了供灯、金液、哈达等。这时，从虹光中目睹了祖孙三法王（ཆོས་རྒྱལ་མེས་དབོན་རྣམ་གསུམ）显灵的尊容，看见赤松德赞王与自己融为一体。在乃东（སྣེའུ་གདོང）期间，听见大日如来与另一个放光者言语道：

"愚昧成为烦恼根本，
也是轮回世间主因，
如果领会谓之镜慧，
是我大日如来本质。

本人母亲叫匝孜噶，
她是净治大地仙女，
变化神通飞逝穷结，
赶快行动进行秘供。"

热译师寻声望去，只见热译师心间的匝孜噶（ཙ་ཙིག）化身女已在穷结。他想把她召回，遂以吉祥大威德灌顶的幻轮进行招引。这时，穷结的达泽领主（སྟག་རྩེའི་ཇད་པོ）有一个女儿，脸像白螺那样白净，胸间有一个自然的八辐轮，她迅速赶到热译师身边。热译师秘密将她纳为明妃。有些人知道此事后，对他不再信仰。为此，热译师显示神通变化，只见他与明妃合二为一，或化一为众，或踪影全无。人们又信仰起来。

在谢札（ཤེལ་བྲག）期间，由哲、牟、科（འབྲས་མི་ཁུར་གསུམ）三人举行曼陀罗会供时，得到马头明王、金刚亥母和五部空行们的加持，亲眼目睹头戴颅骨的五种姓①像雨一般显灵的尊颜；玛囊大黑护法（མགོན་པོ་མ་ཉིང་ནག་པོ）率众表白忠心，决心充当奴仆。

又来到昌珠（ཁྲ་འབྲུག），给寺院墙壁上泥，修复壁画，以及重砌柽柳女墙，供奉幡幢、伞盖等物品，建立了常明灯的规范制度。这时，人们都

① 五种姓：声闻乘种性、独觉乘种姓、如来种性、不定种姓和无种姓。

听到众神“称善”之声。那虹霓与阳光的网络连续七天七夜罩住所有圣殿。

这时，听说在藏区有一个自称学者的善知识，名叫哲瓦·公布（བྲེ་བ་མགོན་པོ），他起初喜欢辩法，经与卫、藏、康三地的一切喇嘛和善知识辩论，都无人能敌。后来他成为贾南的学生，在喜金刚方面颇有造诣。如今，他也来到此地。

热译师给他赠送披风、大氅、黄金 50 两等上乘礼物。二人交流证悟，热译师胜人一筹。他觉得奇怪，问：“我是喜金刚的成就者，连这点证悟都没有，这是为何?”

热译师说：“如何实践教诫是关键所在。”他对热译师转而非常信服，奉献了以三部《大般若经》为主的茶砖、马鞍、松耳石等厚礼后，要求讲授教诫。被授予灌顶与讲授后，在证悟本来就不错的基础上，犹如火上加柴（喻如虎添翼）一般，有了长足进步，证悟与天相等；看见吉祥大威德显灵，从此得到不再因故受难的把握。

为了表示感谢，特奉三部《大般若经》、金子、松耳石、茶砖、犏牛、马等数以万计的物品。后来，随着虹光，不留躯体而飞逝天国。

在此期间，僧人与白密宗混杂而居者约有300 人，都被热译师成熟解脱。把所得到的赠礼一律捐给昌珠寺，用来供奉圣物，招待僧伽，布施乞丐等。

应善知识仁钦沃塞（རིན་ཆེན་འོད་ཟེར）之邀，前往泽当传法，历时 3 个月。从四面八方赶来的信众达 20万人，但从未发生疫情或打架斗殴的现象，路上也没有东西丢失，皮筏子等也安然无恙，大家觉得奇怪。受出家戒、近圆戒者达 7 000 余人；没有人不发誓不信守十五日、三十日和初八日斋戒和永念口禅的。收到的礼品包括鲜花、铜矿石、厨具、哔叽、氆氇等数以万计。

藏历九月，开启坛城之门，进行甚深吉祥大威德灌顶与讲授，大地发热，冰雪消融；草木茂盛，田园反青，似乎又回到了夏天。天女散花，虹霓与阳光斑剥交错，充满天空。以善知识仁钦沃塞为代表的学生 6 000 人，白密 3 000 人，尼姑及瑜伽 800人，都将烦恼清净为智慧，成为万法无执的成就者。

之后，乘船来到桑耶寺，向佛像等献千供，供奉僧人，大量布施民众。接着去了钦普（མཆིམས་ཕུ），举行了百供曼陀罗，善待各大禅师。复又从瓦朗夏（བ་ལང་ཤར）寻路折回丹尼，大量饶益人鬼神。

康区桑格木洛（སེང་གེ་མི་ལོག）的约 300 人前来朝拜，奉献茶砖五万包、马匹 700 余。特别是善知识沃绰元楚（ཇོ་ཁྲོ་ཡོན་ཚུལ）奉献了锦缎 2 000 匹、牦牛千头。在向他们授予灌顶与教诫时，宝瓶口上鲜花盛开，果实累累；大部分灌顶物也成为彩虹的标识，有的变成佛像或文字等，奇兆不尽。善知识沃绰元楚的疑惑化作光明，远离执著，证悟朗然。其他人的禅功也有良好增进。善知识沃绰元楚后来返回康区，修建寺院，大力弘扬吉祥大威德法，加持有缘弟子无数。最后，证得起尸变金的成就，师徒 15 人共同变为飞天。

通过这件事，康区的折吾（གླིའོ）、匝岗嘎（ཛ་གངས་དཀར）、洛萨那（ལྷོ་ས་ནག）、木雅（མི་ཉག）、苏尔芒（ཟུར་མང）、吉拉（ལྕགས་ལ）、安多（ཨ་མདོ）、苟托（ཀུ་ཐོམ）等地的人们云集此地，参拜热译师。大小赠礼一直未断。经过宣法，发誓弃恶从善者无数，受出家戒、近圆戒者也很多。对发奋修炼者授予灌顶和教诫，并使之成熟解脱。

一位名叫丹·巨拉阿加（ལྡན་སྐྱུ་ར་ཨ་སྐྱབས）的人奉献了用金粉誊写的《大般若经》16 部、平装《大般若经》26 部后，请求受法。被授予灌顶和教诫后，他豁然开悟，为民众做事无数。后来去了地下吉祥门，至今健在。

琼保布热（ཁྱུང་པོ་སྤྲུ་རེ）奉献茶砖 500 块，得到灌顶与教诫，经过修炼，证得成就，以威力神通征服了许多笨教徒。最后，依靠医眼灵丹证得隐身成就。

安多哇·沃赛丹巴（ཨ་མདོ་བ་འོད་ཟེར་བརྟན་པ）早年很穷，但他依照热译师所授的教诫，潜心修炼，得到成就，看见吉祥大威德显灵。他又禅修夜叉使者，能够支配像大海一样出现的财富。为了报答上师恩德，先后 11 次供奉数以十万计的礼物。后来培养学生约万人。最后，由夜叉迎送至杨柳宫①（ལྕང་ལོ་ཅན）。

芒康·达玛巴尔（སྨར་ཁམས་པ་དར་མ་འབར）奉献剑三把、鞍具 70 套、牛舌红松耳石佛珠一庹。对他授予灌顶与教诫后，悟性陡增，培养学生近 5 000 人。最后，靠神行功夫，飞往香巴拉，再也未归。

吉拉的吉公热巴（ལྕགས་སྒོམ་རས་པ）在昌邦山（ཁ་སྤོང་རི）闭关静修时，当地头人对他说：“你必须向我缴税，否则杀死你!”迫害不断。

于是，他离开家，来到热译师身边。热译师授予吉祥大威德灌顶、教诫，以及阎罗王妙轮，让他修炼，遂看见吉祥大威德显灵，（从此他）法力无边。不久，返回家乡。那头人又跟往常一样，前来欺凌。他转动

① 杨柳宫：金刚手菩萨和多闻天子所住宫殿。

阎罗王妙轮，头人及随从被消灭尽光。如此以威猛伏魔法饶益众生。最后，靠避谷术得到生命持久之明。

苏尔·绰沃加（ཟུར་ཚོ་བོ་སྐྱབས）历经濒死濒劳的十四个困难（喻千辛万苦）前来叩拜热译师，一路出现许多障盖清净的印象。一见到热译师，立即得到加持。一经得到教诫，迅速开悟。饶益众生 15 天后，躯体无影无踪。

康区各地恳切邀请热译师前去传法，他说：“看来这次去不了，留到后世再去。”授记贾顿仁波切为第四世转世灵童。

为了修复破旧的丹·龙唐卓玛殿（ལྡན་སྒོང་ཐང་སྒྲོལ་མའི་ལྷ་ཁང），他出黄金 200 两，要求修缮如初。修葺竣工后，准备开光那天，根据他的嘱咐，召集了很多人，清扫各个神殿，所有的门被开得大大的。太阳暖和之时，只听见“咚咚”的鼗鼓声和“叮叮”的铃声。

与此同时，人群中“唰唰”落下如雨的各种粮食，许多还钻入殿内的佛像等里面。

这时，神殿光彩闪烁，佛经自诵，佛像摇摆等，奇事不断。大家更加佩服，贡献数以十万计的谢礼，直到来年为止。

热译师来到拉萨后，向以释迦双尊①和大悲观音为首的佛像等大量供奉美衣、涂金和供灯等；向桑普等大小寺院大批供施诸如茶砖之类的物品，向民众大量布施各自所需的东西。

在吉雪察瓦直（སྐྱིད་ཤོད་ཚ་བ་གྲུ），有个金刚起尸女的化身，名叫沃塞本梅（འོད་ཟེར་འབུམ་མེ），她婷婷玉立，面部蔚蓝，浑身散发着郁金香味，眉间有弯

① 释迦双尊：大昭寺和小昭寺的大小释迦牟尼像。

刀标志。热译师把她纳为业印妃。

这时，一个名叫折吾·确格喇嘛（ཀཟོ་མཆོག་གི་བླ་མ）的大善知识说：“你作为一个具戒的比丘，随便进行性爱，这不好，不怕堕入地狱吗？”有意挖苦。热译师却吟唱道歌道：

“顶礼膜拜一切上师，
祈求恩师加持慈悲，
加持一切如母有情，
修身证得菩提萨埵。

藏族小僧我多杰札，
圆满修成二次证悟，
无论吉凶还是祸福，
无悔把握成竹在胸。

杀死达玛多德为首，
执金刚共达十三人，
生在地狱也无悔意，
有个觉知印象把握。

迎娶沃塞本梅为首，
手印妙龄女子五名，
即使淫乐但也无悔，

有个变为空乐把握。

主要修炼生圆二次，
主要耕耘三昧耶戒，
虽言戏论但也不悔，
有个知为双运把握。

先后修葺桑耶等寺，
共达一百一十二座，
即使饿死也不懊悔，
有个圆满二资[2]把握。

经常饶益六道众生，
资助所有宗教人士，
即使走邪但也无悔，
有个成为所化把握。

对于大恩大德二师，
任劳任怨服侍备至；
对于本尊吉祥威德，
毫无疑心表白赤诚，

① 二资：福德资粮和智慧资粮。

虽言邪教但也无悔，
有个选择无错把握。

清晰看见三世情结，
神通变化法力无边，
即使放狂但也无悔，
有个饶益众生把握。”

折吾·确格喇嘛惊叹不已，请求宽恕有意挖苦之过，并追随左右。被授予灌顶和教诫后，成为一个证悟正慧的优秀成就者。为了感恩，把热译师拥立为藏喀王（གཙང་ཁ་རྒྱལ་པོ），贡献帝王用具，如银勺、银鞍、银辔、银鞭、缎帽、长毛大氅、锦缎披风、绫罗衣、栽绒毯、缎子靴、餐具等。后来他到康区，成熟解脱学生约千名，去世后遗体火化时，烟全部变成五色彩虹，从心间出现一尊吉祥大威德一寸身像。

之后，热译师一行来到澎波，应此地上中下人们之邀，遍传佛法。发誓信守斋戒、顶礼、转经等善行者无数；多数人受出家戒、近圆戒。用灌顶和教诫解脱的学生常以 6 000 人的数量增加。把所得到的礼物都用来修缮当地寺庙、佛像、佛经、佛塔，斋供僧伽，布施民众。为了佛教驻世期间的所需费用，特向年措瓦（ཉན་ཚོ་བ）赠送以 50 部佛典为主的礼物，以及一万驮青稞。

同时，向江拉瓦（ལྕང་ར་བ）也赠以同样的大礼。向大小喇嘛们也不断供奉礼物，尤其向朗日塘巴供奉了以《大般若经》为主的百礼、青稞万驮，用斋俸建立法缘。对方也回赠牦乳牛 70 头、牦牛 300 头、黑白帐蓬之后，领教了甚深吉祥大威德灌顶及教诫。这时，朗日塘巴证悟较前有了长足长进，对热译师更是深信不移。

向聂苏瓦（སྙེ་ཟུར་བ）也赠以《大宝积经》为主的礼物，用百俸建立法缘。他想跟热译师比试法力，被热译师察知，将自己的头、手、脚用刀砍下，展示阎罗王变成五种姓的法力。又将头、首、脚复原，完好如初。他佩服热译师，成为其学生。被授予教诫之后，修证功德无限增长。为了感谢，奉送了《般若二万颂》两部、牦乳牛 50 头。

在喀陀（མཁར་ཐོག），在给 500 名学生授教诫之时，其中有一名学生经常不修炼，只是蒙头大睡。在辩法会上，热译师专门盯着他说："你如果需要证悟，必须精进，光靠睡觉怎能证得菩提?"那学生战战兢兢地回去了。后来通过精进，专心修炼，在修证方面赶上了前面的人。

在年波（ཉན་པོ），通过授予灌顶和教诫，200 名学生即生证得飞天成就。但其中一个尼姑因贪爱银子，而未得成就。热译师让她把银子扔到水里，当夜得到成就。

在云达（ཡུང་མདའ），解决纷争期间，热译师乘上青龙在空中飞行，大家无不信仰，求法者无数。

在查普（ཁྲ་ཕུ）期间，疾病流行，他用护身符制止。

在塞仲（སེ་གྲོང），出现山体滑坡，他把袈裟往地上一甩，立即停止。

在唐琼（ཐང་ཆུང），夜叉姊妹及其随众答应世代为奴。

在坡多（ཕོད་མདོ），在给集会大众授予灌顶和教诫时，宝瓶水成为具有百味的永不衰竭的琼浆玉液；朵玛食子形成光团，每根光线边上有许多勇士空行，她们载歌载舞，充满天宇等，幻象无尽。参加法会的人都有乐明无别的豁亮感受。

后，热译师又来到达垅，供奉三所依、各位喇嘛，斋供僧众。自己也得到善待，人们送以牦乳牛、牦牛、山羊、绵羊等厚礼。给当地的约2 000名学生授予灌顶和教诫，均得到解脱。总之，在整个澎波沟垅里，得到成就的人无处不在。

来到热振（ར་སྒྲེང）后，如前一样，热心供施。亲瞻阿底峡尊者显灵，白毡地祇躬身亲迎。这时，天空晴朗，阳光灿烂，念珠及供物琳琅满目。在当地，用教诫成熟解脱了以善知识顿巴（དགེ་བ་ཤེས་སྟོན་པ）为主的近万名学生。

在曾经到过的北方村舍，被各个霍尔（ཧོར）族邀请去，得到牦乳牛、牦牛、山羊、绵羊、盐、羊毛、金子等厚礼。用灌顶和教诫满足广大僧俗信众，使所有接触他的人觉得具有实际意义。在返回途中，路经雪多（ཞོ་སྟོད），举行会供之时，从岩石中流出五香甘露，如雨芳霏，众人皆然。

复又返回丹地，如前一样，推行讲闻事业。

这时，鄂（རྔོག）译师的学生哲·喜饶巴大学者前来求法，被授予灌顶及教诫后，二取错谬消失，空明合一的证悟得到升华。为此，酬以金身、响铜器物、佛经等礼物逾万。因他对续部和成就法非常精通，看了前人所著的许多密宗论典后，仍不满意，而看了由热译师所著的有关《阎罗王法》后，非常佩服，说："与班智达的作品没有区别。"每当会供时，他反复说："在藏族所著的佛典中，善知识热译师的法旨一枝独秀，其作品代表了班智达学者们的思想，没有掺杂藏族自己的说法。"

后来，鄂译师也对此法的讲闻做了大量工作。神们前来听法等，奇迹不少。鄂译师成熟解脱了近 7 000 名学生后，于桑普左侧的山巅圆证飞天成就。

鄂译师去世后，达巴喀且（སྟག་པ་ཁ་ཆེ）和关确多杰二人前来投奔热译师门下，以奉献《大般若经》八部、金色曼陀罗画七幅为主的数以千计的礼物、青稞万驮等建立法缘。

这时，从曼陀罗画中间声光大作；天空布满由五色彩虹组成的八瑞祥；馥郁之气充满人间等，奇祥不断。二位善知识的无别智慧也自然得到升华，产生脱离所有戏论的优越开悟。后来，二人分别培养学生约千名，最后驾虹而逝。

一天早晨，只听热译师说："今天我们带上会供曼陀罗，到山顶走一遭，有贵客要来哟。"当师徒一行带着会供曼陀罗来到山顶时，五位手印女早已到达这里。经过会供曼陀罗仪式后，进行了长时攀谈。最后，她们起身，向热译师顶礼后，其中二人各送一子，另外三人各送一女，说："他（她）们将成为传承佛教的大智，请好生照料。我等世事已终，现在要现露真身了。"

言罢，化光而去。因此，在场的人们无论身份高低，都叹服不止，说："喇嘛可不得了，妻子们也很特别呀。"从前说过（热译师）"喜女色者"而抱有邪见的人们也后悔不迭，进而信仰起来。

热译师悉心抚养这些子女，成长迅速。逐渐成年后，被授予吉祥大威德灌顶及教诫，并让他们修炼，都得到成就。儿子多杰桑格（རྡོ་རྗེ་སེང་གེ）洞见中阴之阿赖耶识，并能导引，骑上月光，一夜可游印度。女儿拉毛图钦（ར་མོ་མཐུ་ཆེན）能使百人往生他世，复使他们重回人间，将空行女、阎罗王、怙主收奴使役。女儿列梅朵（ལྷའི་མེ་ཏོག）能变各种形体，在水面和峭壁上行走如履平地。女儿沃塞华茂（འོད་ཟེར་དཔལ་མོ）同时看见四大洲和须弥山，能授记过去和未来。儿子热·确央巴（ར་ཆོས་དབྱིངས་པ）能充当空行女众的首领，证得终生持明。

这时，到处盛传热译师夫妇、子女，以及徒弟们都得到成就的神奇佳话，成为大家所希冀的目标。

热译师又来到拉萨，仍旧向三所依供祭。名医智日·关确加（བྲག་རི་དཀོན་མཆོག་སྐྱབས）前来叩拜，说："喇嘛仁波切（尊贵的上师），恳请惠赐我深刻的教诫，恳请显露一下空前的神通！"

热译师说："可以。"向着太阳结期克印，太阳落地，至今人们把此地唤做"尼玛塘（太阳滩）。"复又还原。使太阳清凉，使月亮炎热。人们无不称奇。被授予灌顶和教诫后，得到成就，能饶益民众。为了答谢恩典，馈赠以三部契经为首的许多礼物。

这时，在澎波的阉人当中，有一家男子早已过世，其中母亲是个魔女，她常去参加集会，被儿子察觉，就装着睡觉，实际上悄悄观察她的去向。

傍晚时分，只见来了两个高大红黑女人，她俩说："请母亲上路！"母亲骑上一只箱子，一个女子前面牵引，另一个女子后面驱赶，顺顺当当地向远处走去。

当儿子一觉睡醒来后发现，母亲复又回到了家里。

第二天晚上，儿子钻进箱子里藏起来。那两个女子又来了，照样同母亲说了几句话，最后母亲骑上箱子又上路了。那箱子发出"咔嚓"声，儿乎要挨着地面了。母亲说："今晚这马不走路。"

他（她）们来到一片尸林，在由许多女子排列的队伍当中，母亲将箱子当做座位坐下。她们用一个壮年男子的尸体充当会供曼陀罗，把头颅献给了女首领（母亲）。女首领说："我的筷子丢在家里了。"一个女子说："请母亲伸开长臂呀！"母亲坐在箱子上未动，只将猿臂一伸，就从家中把筷子取回。

拂晓时分，女人们各自散去。母亲骑着箱子，又回到家里上床睡觉了。儿子也钻出箱子，装作若无其事的样子，也脱衣就寝了。

就这样过了很长时间。一天，母亲在自家屋顶捻毛线累了，不慎将线砣掉在了地上。儿子就在下面，她冲着儿子喊："把我的线砣拿上来！"儿子没有理会，说："阿妈呀，请伸开你的长臂吧！"

母亲顿时大怒，心想他已经知道我是魔女了，他还可能告诉给别人。于是，她揪住儿子的头发来回摇晃，末了就将儿子变成狗身子。

那狗为此非常痛苦，想投河自尽。正在流浪，巧遇喇嘛朗塘巴绕塔转经。只听朗塘巴说："虽然得到人身，但变成畜生，实为可怜。"它由此产生敬意，用心向其请教解脱之法。朗塘巴说："我没有即生解脱的能力。在拉萨有个叫热译师的，他有救死万变之法力。你还是到他那里去，你就能解脱此厄，到时候把这点金子献给他。"说着把一两散碎金子分成许多小包，缝在狗毛里，给上足够的食物，打发走了。

这时，那狗翻越果拉岭（སྒོ་ལ），一路碰上听说要去朝拜热译师的许多澎波人。它一边听人们谈话，一边跟着到了拉萨。与此同时，热译师早知它要来，就对近侍说："捏六十个朵玛食子，放在一边！"都办齐了。

太阳刚过中午，只听热译师说：“现在你们看谁要来。”大家四下里观望，不见任何人，只见一条狗满身是尘沙，向这边走来。大家把情况禀报了热译师，他说：“那么你们回去。”他戴上僧帽手拿朵玛食子返回。

当来到门口时，那狗也正好赶到，热译师把朵玛食子仍到它身上，那狗立即变成了人身。他很是信服，把所有的金子献给了热译师，并追随其后。热译师剃度他出家，又授予近圆戒。但说：“你还情缘炽盛，无论做什么事，未经我许可，不要妄动！”

这事被他母亲知道，想从中捣乱。于是，在一只木盒子里施以魔女的明咒，交给准备前去朝拜热译师的一群人，说：“我儿正在热译师身边学法，请把这个交给他，告诉他这是生活费用。”人们朝见热译师后，就将木盒子交给了儿子，并把母亲的话转告了他。

他接过木盒子，只觉沉甸甸的，手触到了地上。因想，这里面是什么呢？正准备要开启，忽然想起了热译师的话。转而请教热译师，热译师脱下法衣，给他穿上，说：“你穿上这个，再开启木盒吧！”依言办理。从木盒子里冒出九个霹雳，把茅屋和家什焚为灰烬。但是，由于他身穿热译师的法衣，安然无恙，那铁水像酥油汁一般在法衣上面打转。热译师说：“现在你已解脱磨难，可修炼了！”

言毕，授予灌顶和教诫。他得到成就，征服了以母魔为首的约百名魔女。后来，对民众饶益巨大，以飞天而逝，名曰云丹札（ཡོན་ཏན་གྲགས）。

在日加（རག་རྒྱབ），有个叫森巴塔迈（ཟེན་པ་ཐར་མེད）的屠夫，他白天平均宰杀羊、犏牛、牦牛等近千，晚上打家劫舍，非常仇恨喇嘛与僧侣，一听说佛法，他就把耳朵捂起来。后来，他得了一场重病，想尽各种办法也无济于事。人们说："无论谁到热译师身边，病魔就会除掉。"

听到这话，他就来朝见热译师。热译师以酒肉款待，期间讲授恶趣的痛苦，他不由自主地回心转意，问："那不投生恶趣的方法有吗？"答："只要顶礼转经，方有出路。"他连续三个月这样做了。事后，他又问："即使这样，死的时候也起不了什么作用。还有其他办法吗？"答："只有弃家为僧，才是上策。"

他出家了，戒律清净，精通律仪与名相，出类拔萃。但他还是心存疑虑，心想，这样做了只能后世报应，假如今生没有一个妥当办法（是不行的），（因为）我积恶深重。因向热译师请教，热译师说："决心除恶而成佛的方法，除此以外是没有的。"说罢，授予吉祥大威德灌顶和教诫。

他在禅修当中，发现了热译师以前的诛业，认为其本尊神是个畜生头，而热译师又是个杀人刽子手，遂产生邪见。囿于这个罪过，屠夫没有开悟，死后堕入地狱。那狱火几乎要烧着他，急忙修念兽首本尊神，但又想修此何用。

这时，热译师以吉祥大威德行头而来，说：

"对于甚深法与喇嘛，
产生邪见坠入地狱，
不是他错而是己过，
痛哭流涕有何作用。
从今而后不断祈祷，

不久往生安乐去处。”

将屠夫的灵魂变成“哞”字，咽下肚里，与独一无二的慧意融为一体。热译师顺便从地狱解救了800万亡灵到文殊佛界。

于是，将他隐入心间的那个灵魂从右鼻孔中擤出，并加以释放，投生为龙雪（ལུང་ཤོད）地方一个富人家的儿子。刚生下来，他就会念“师切”(ཧྲཱིཿ ཥྚྲཱི)，及至长大，于热译师身边出家。受灌顶和教诫后，未经修炼，证悟升华；经常看见吉祥大威德显灵的尊颜，能将羯磨阎罗制伏为奴。

热译师说：“我的这个教诫即使此生不能解脱，但来世无需修炼就可解脱，它有如此神秘之处。”

这时，汉地与克什米尔的许多人前来朝拜。印度与尼泊尔的送礼者也到达。大家争着提前献礼，为此发生争执。似乎受了怙主安排一般，在拉萨上方建起万座法台，邀请热译师入座。

热译师变出十万个自身，人们这才心满意足，每人为每个化身供献厚礼。印度人献了金身、银身、铜身、帛、锦缎、绸子等数以万计。包括饰有金翅的右旋海螺、蓝宝石、吠琉璃、红宝石、绿宝石等珠光宝器数以百万。透明神衣、整匹布料等无计其数。旃檀、六种上好沉香等许多药材。三头白象、六头普通象。水牛、野黄牛等数量无数。

汉地人献了库缎数十万件、许多大升银子、莲果、海外茶等特殊礼物。

尼泊尔人献了金银曼陀罗、供水杯、云母石、青稞盒、玻璃供器、金铃等无数。

克什米尔人献了松耳石、珊瑚、珍珠等许多库藏，还有甘蔗糖、各种水果等无数包裹，以升计量的红花 1 800 驮、黑白香驮许多，铜盘、黄铜盘、金盘、银盘等无数。听说，垒起来的茶多得像须弥山一般。

热译师给他们授法，将他们引向不还果与解脱种之间的道路。这时，晴空万里，一条彩虹横亘天宇。印度人把他视为文殊佛，尼泊尔人视为班智达着法衣者，克什米尔人视为蓝面瑜伽师胸挂骨饰吹羊角号者，汉地人视为身着灰袈裟的和尚。热译师所言均以各族语言理解无误，大家心悦诚服。

大家就要返回各自的故乡了，热译师分别赐予大礼、圣迹供物、给各国王的信札，以及护身结等，然后送别。对热译师曾经变化十万身的那个地方，至今人们唤做“衮本塘”（十万身地）。

应后藏地方的邀请前往弘法，先后去了吉戎（སྐྱིད་རོང）范围的所有地区，如前传法。在向下游走的途中，来到奴·科隆（སྣུབས་ཁ་ལུང），给咒师们供施，授予灌顶和教诫，使他们法力无边。在奴地下榻的地点，举行会供曼陀罗时，亲瞻文殊威慑手印主仆显灵的尊颜；骑虎怙主和大力四众主动亲近，无论何时何地前来参访，促膝长谈。

在奴地的斯巴隆（སིག་པ་ལུང），向近千名咒师授予灌顶和教诫时，从土石山岩中发出“隆隆”的密咒声，天空布满五色光环，灿烂夺目。大小本尊神如雨一般降落下来，奇趣无穷。在场的大众都实现了无修开悟。

这时，朗热巴（གླིང་རས་པ）尊者前来晋见，闻其教诫，产生特殊证验。为了表示感谢，准备供奉粮食百驮，被热译师先前察知，说：“我无需此物，代之以写著佛法！”传朗热巴依言著《吉祥金刚大威德释》。一匹驮骡死去，尸体变成虹光与舍利。一条死狗的身上也升起彩虹。云云。

之后，又向卫藏进发，到达丹地。就这样，热译师在 100 岁至 150 岁之间一直如此。热译师年满 150 岁，哪儿也没去，只住在丹地，不断弘扬讲闻事业。

这时，光在丹地的僧伽、弟子人数增加很快，达到 18 万之众，禅院不能容下。因此，从支嘎（བྲག་དཀར）以下，德庆（བདེ་ཆེན）以上建起单人茅舍而住。

每当举行法会之时，就从哲拉（བྲོ་ལ）岭吹响法号，大家集中在丹达塘（ལྷན་མདའ་ཐང）。此时，热译师莅临会场，广泛讲授《札、东、普三法》（དགྲ་གདོང་ཕག་གསུམ）、《黑胜乐》，特别是《吉祥金刚大威德续》。

讲法之时，江北的人们一边磕头，一边听法。他们也自然得到加持，病魔自除。晚上法会解散后，听法者的起立声和纸张的折叠声惊动了江岸的羊群。据说，在藏族的译师当中，无论本事、法力，还是学生、成就都没有这么大，是无人能及的。这时，名声大振，所化（民众）云集。

从尼泊尔至汉地之间的国王、喇嘛、善知识、医生、咒师、尼姑、王族等不分高低贵贱没有不成为他的学生的。每授一次吉祥金刚大威德教诫，就得到一两金子；授一次札那（དགྲ་ནག大黑阎摩敌）、六面童天（གདོང་དྲུག）、胜乐、金刚亥母、大黑天六法（ནག་པོའི་ཆོས་དྲུག）、温和文殊等，得到一钱金子。这样源源不断地收到无数礼物。

印度的班智达们把新鲜水果夹在酥油里面不断送来，这样就能吃上新鲜水果。即使在每 10 粒葡萄按一升算的时候，也从上方（印度）送来许多驮。每天的早点享用葡萄五升，从未中断过。

一般来说，热译师无论走到哪里，哪里就出现彩虹，天女散花，香烟袅袅，馥郁芳菲，歌舞升平等，情趣无尽。白天人类朝拜，夜间空行参谒，早晚饮食自来。所到之处，疫病消失，干戈化解。无论谁见了他，病魔即除。因此，那些衣着各异、语言不一的人们络绎不绝地从四面八方赶来，每天约达200人。尽管有这么多人接踵而至，但他从未有过疲劳和反感，都能使大家心想事成。尤其只要从事念佛，无论是谁，都不敷衍或轻蔑；只要想学的东西在未领会之前，他都反复辅导，只至弄懂。他声音宏亮清晰，通俗易懂。与其因错误思想指导下多闻他法，不如闻热译师一句话而有益。

由于具备梵天的音调，从江水的两岸可以一字不漏地听到他的法音。在前来求法的人逗留期间，无偿提供衣食；返回之时，善言教诲，赐以礼物，使大家别情依依。经常在身边约有2 500人，只许他们从事讲闻、修炼，入正业。所以，都是得道通人。

他没有得不到的东西，但一旦得到后，除只有作为纯净白业之经费外，从不据为己有。接受所赠三所依后，涂以金粉，款以美衣，奉于供器之列。当得到武器之类时，砸碎后置于塔底。对所送的马、牛及动物们从不打、杀、卖，光犏牛、马就达一万头（四），把它们全部放到山里，像动物一样任其走动。

他不管到何处，百余名乞丐经常跟在后面，给他们提供衣食。向所有缺少修炼食物的大禅师、缺少学习用具的法相师（མཚན་ཉིད་པ）提供资助。纠正显密修习中出现的错误。修缮破败的三所依及其圣殿。捏塑《尊胜佛母陀罗尼藏》之小佛像数十万尊，并规定每十万尊用青稞40驮作为经费。用梵语唪颂文殊名号十万遍，用藏语唪颂十万遍。付给别人工钱，让其唪颂十万遍。经常刊行《甘珠尔》。在供施处，经常安置念颂梵本《二万颂》和《八千颂》的印度瑜伽咒师六名、修炼胜乐鲁希巴（ལུ་ཧི་པ）的禅师一名。

多次往返尼泊尔的圣巴香贡（འཕགས་པ་ཤིང་ཀུན）寺，召集男女瑜伽师，举行会供曼陀罗 108 次。每年奉送印度金刚座法会之所需。在释教驻世期间，为了经常唪颂那烂陀四众部 84 位班智达的金版《契经》所需费用，贡奉金子百两。向戒香寺（ཝི་ཀྲ་མ་ལ་ཤཱི་ལ）奉金百两。为了果索玛布山唪颂一对金版《八千颂》，奉金百两。

邀请班智达门札朗巴（མིཏྲ་གླིང་པ）至藏，共供奉37 次，直至去世。每年赎命放生逾千宗。向偏远的神庙供奉供灯、哈达、金汁等物。经常向尼泊尔与汉地之间的一切大小寺院提供斋茶。塑造许多金身、银身、铜身、香泥身等。绘制唐卡画，修建灵塔无数。

书写《大般若经十六品》40 部，以勇士酬使工匠们心满意足。经常得到松耳石、珊瑚、珍珠之类的供礼，都用来修缮拉萨、桑耶、昌珠三地佛像的座饰、服饰。把所得到的锦缎、绸绫等做成法衣与袒衣，献给以大小释迦牟尼像为主的具有威严的圣迹。对以钢、铜、铁为主可以冶铸者，都做成供水杯或供灯或斋僧大锅，赐给大小寺院。

此外，给疾病缠身的人施药，拯救身陷囹圄的生命，调解两地纷争。在危险处设立救险机构，在缺水处打井，在水患处建桥，修复险峻路段，在每一大段驿站设立饮茶处与面食处等。把自己的四枚长四庹的牛舌红松耳石佛珠等许多质地上乘而数量众多之物毫不顾惜地送给他人。先后到阿里三部、卫藏康三区、娘罗夏三地、塔贡阿三方等所有地区。在原有的基础上，将封山令、封湖令、封路令更加趋于完善。所有的人都敬仰他，没有一个人能违背他的旨意。因此，鸟兽们也相安无事，鱼鳖之类不受伤害，人们幸福安康，牲畜们自然繁衍。雨水充沛，林木茂盛，泉水欢畅，霜雹旱灾均无，庄稼丰收，没有疾病与饥馑，没有敌人与盗匪，鲜花到处绽放，人们心向佛法，到处吉祥如意。

这样，多年推广文殊大威德教诫，成熟解脱了无数善男信女。在 180 岁高龄时，想到其他世界去。

在硕果累累的秋天，卫、藏、康三地的学生们聚在一起，举行了一次很好的会供曼陀罗。热译师说："我先后四次去了印度和尼泊尔，而求得教诫，它是空行的心髓，反复经过成就者们的耳传，它能慑伏戾孽而成佛，能不断证得成就，加持之暖意犹在。最好是此生，次者是临死，最差是中阴，都能成佛，无须等待后世。具有如此奥妙者，我都毫不保留地传给了你们，请一心修炼吧！上师曾经叮嘱过我：'此法不宜多传，而修炼惟上。'但为了对你们有利，我还是违背了旨意，看来需要投生二次。但是，我没有生死之痛苦，死了之后也是从一个佛国走向另一个佛国。不死，也是为众生谋利。似天一般的瑜伽师，虽能控制生死，但为了向懒惰的有情传达无常的信息，必须动身。"

这里，施主们磕头行礼后，问："尊贵的喇嘛，您意欲何往？（以后）我们向谁祈祷，法统谁人承接？"

热译师说："我从此往生飞天，之后复投二生。最后在宣法界成为善逝莲蕊，为有情谋利益，向他祈祷！我的学生都是大成就者，法统概由他们执持，特别由热·确饶继承。总之，凡实践此教诫者，都由我加持。现在，对我有法缘者、侍奉者人数众多，将来听到我传而起信仰者，会生于我的随从而成佛。”接着唱起道歌：

“呜呼在座有缘弟子，
大家都来听我一言，
此乃今生后世遗嘱，
务必当真铭记在心。

在这五浊横流时代，
甚深教诫显得宝贵，
真正上师尤为奇缺，
有礼学生也显稀罕。

我等遇到佛法喇嘛，
师徒聚首实属奇迹，
表明今后大德辈出，
毋庸置疑佛法鼎盛。

本尊神大威德金刚，
具有殊胜十大关键，
只要潜心修习此理，
没有一个不证成就。

空行阎罗怙主护法，
就是三界生灵命主，
但以教诫关键控制，
无一不达法力彼岸。

本人名曰多杰札巴，
具有独一无二七法，
只要虔心信仰追随，
没有一个不证正觉。

如果这般具备因缘，
显示前人未曾所论，
独创奇异二十三法，
你等闻知不觉奇怪？

早年到达金刚座时，
四臂怙主施法作梗，
踩在脚下强制为奴，
这是史无前例法力。

曾有琅拉项曲多杰，
欲施魔橛反贬地狱，

复又结为诚挚好友，
这是前无古人法力。

纽芶军队蹂躏之时，
用脚跺地黑风陡起，
所有兵卒灰飞烟灭，
这是史无前例法力。

朝拜萨迦三圣之时，
几名僧俗心生不快，
但以诚心赢得神喜，
这是前无古人法力。

萨洛地方灌顶之时，
彩色坛城悬于空中，
一盏供灯能照十夜，
这是前无古人法力。

曾在名叫尖垅地方，
举行和平烧施之时，
发现火中长出莲花，
这是史无前例法力。

在那叫做沃东埃地，
曾与项师比试功夫，
剖开胸膛展示世界，
这是前无古人法力。

在那名叫娘堆贤地，
遍入天神兴风作浪，
仰观天象掷于地下，
这是史无前例法力。

那托普神医喀热巴，
恶意投放有毒食物，
安然无恙精神抖擞，
这是前无古人法力。

恰地梵天袭击之时，
我从鼻孔呼出大风，
一下吹向无际天涯，
这是史无前例法力。

有个喇嘛名叫古桑，
与他较量证悟之时，

电闪龙舞七夜不散，
这是前无古人法力。

曾经到达朗阿岭时，
地下打入金刚橛后，
出现各种房舍家具，
这是史无前例法力。

在被若师欺凌之时，
入三摩定变成驴子，
旋又使其恢复人样，
这是前无古人法力。

巨大卓普秘密护法，
显示庞大饮血身躯，
而我将把天地倒置，
这是史无前例法力。

在那名叫乌香多地，
镇伏四方傲慢之时，
将水系上金刚结子，
这是前无古人法力。

达那地方论法之时，
只见群山击节叫好，
果茂降下松耳珊瑚，
这是史无前例法力。

吉昌降下铁质冰雹，
贡布地方改变四大[1]，
沃喀刻印金版般若，
这是前无古人法力。

按照一名医生所请，
把那日月扔在地上，
改变冷暖气候特征，
这是史无前例法力。

后藏进行退敌之时，
朵玛食子打到敌营，
无需交战双方罢兵，
这是前无古人法力。

① 四大：土、水、火、风。

泽当法会灌顶之时，
冬季气候变成夏日，
豪门大亨成为学生，
这是史无前例法力。

自古以来梵藏大德，
从未展示如此法力，
是否后有拭目以待，
如果明理现该祈祷！”

这时，后藏的冈桑夜叉、雅隆的雅拉香波神、北方的念青唐拉神、沃卡的沃代贡杰神、多康的玛卿神等世间大神，以及贝哈尔（པེ་ཧར）等威猛护法聚在一起，恳请继续驻世，但没有答应，分别向他们授予教诫与教诲。

热译师来到自己的寝室后，说：“现在不用说超过我，就连与我齐名的也没有。所以，我的遗体不要火化，在此平原建一座塔，把我安葬在里面。以后，这吉曲河就要改道南流，将把大半平原冲毁。此处讲法佛刹会冷清荒芜，变为野兽出没之地。那时，为了使行人不受盗匪劫掠、皮筏不发生事故、战胜病魔而很有必要。但是，大约经过五代后，在拉萨下方，会出现一座新寺，届时将塔迁到那儿。因此，该寺会信众广大，权重气旺。然而，对于整个地区来说益处较小。”

傍晚，师徒共同举行了会供曼陀罗。半夜，授予前所未有的教诫。黎明时分，对未来授记许多。马年四月初十日，太阳刚刚升起，收殓身躯，证空行成就而飞走。

这时，雷声隆隆，大地摇晃；天女撒下五彩花粉，没入脚踝；寝室的四周升起虹柱；天上地下都有无数手持供物的勇士与佩戴骨饰的空行女，大家击鼓唱歌，人们都看见了。

以热·确饶译师为首的学生们，在一个月期间，设坛供祭，祈祷发愿。十日后的一天晚上，大家看见热译师以班智达模样前来，说：

“如今我是祖拉华格，
已经得到阎摩成就，
凡与本人缔结法缘，
一定往生普见佛界。”

言毕，法衣飘飘，锡杖晃晃，飞向天际。大约过了10天，一天夜里，热译师头戴有穗的黑帽，发如柳丝，说：

“法界智慧唉音洞内，
指引无明错误众生，
采用自然法橛解脱，
我是咒师热多杰札。”

言罢，随着音乐，翩跹起舞，旋即消失。供祭结束的那夜，热译师以吉祥大威德模样而来，说：

“我是吉祥大威金刚，
世上没人超过本人，
只要对我进行祈祷，
没有一个不能超度。”

说着，驾虹而去。

按照遗嘱，遗体用锦缎包好，殓于五宝箱内，在丹达平原修了一座塔，将遗体供奉于其中。当进行开光和祭扫之时，从天空的一片蓝云中，热译师以饮血金刚模样而来，随着鼗鼓之声，在塔尖跳舞，口中说：

“吽吽吽！
瞋恚隐没自然清净，
应该叫做法界智慧，
较之空寂蔚蓝尤甚。

唵唵唵！
愚昧隐没自然清净，
应该叫做如镜智慧，
无灭圆满明亮洁白，
本性就是自然佛种。

镇镇镇！
吝啬隐没自然清净，
这是平等无二智慧，
冥冥无别各自鲜亮，
性质满意宝贝种类。

师师师！

贪欲隐没自然清净，
这应唤做妙观察智，
较之识容红色鲜艳，
性质离贪莲花种类。

哈哈哈！
嫉妒隐没自然清净，
应该唤做成事智慧，
无碍艺中绿色鲜艳，
超度为责羯磨种类，
这些都是我的本质。

抓紧祈祷给予加持，
凡有法缘就像本人，
无论怎样幸福安逸。
叭匝日贝拉瓦谷如迪查亥！”

说着像彩虹一般逝去。

高徒热·确饶继承先师事业5年后，去了尼泊尔。其他学生也各自返回自己的修行处修炼不提。护法神们也跟随各自的法主而去，使以前的讲修场所形同虚设，空荡寂寥。这时，山河贫瘠，食无甘味，疾病与兵戈泛滥，非善之行重新抬头。

藏族虽然有诸如白若杂纳、噶瓦拜则、焦若·鲁坚赞、仁钦桑布、玛尔巴、卓木、郭、桑噶瓦、俄、纽等无数译师，但就法力、加持力、福分、功绩而言，没有谁能超过热译师的。热译师的四大殊胜传记叙述完毕。

威力自在大热译师，
挥笔写就阁下传记，
由此得到其一福祉，
期望众生圆证菩提。

未得优越菩提期间，
静猛文殊加被垂青，
证果自解发大慈悲，
希冀具备度他法力！

应多康十八大地方的所有大德之请，自己也信仰笃诚而激励心志，依据根本上师热·确饶的旨意，实事求是，摒弃臆造杜撰，热氏后裔沙弥益喜桑格（བརྩེ་ཡེ་ཤེས་སེང་གེ）执笔著述，谨以此祝愿佛教与众生事业发扬光大！

纯洁思想奋发事业，
由此带来善乐吉祥，
乞求喇嘛大热译师，
轮回世中不弃加持！

大德长寿佛法昌盛，

无论国王还是沙门，
信仰宗教幸福常伴，
以此享受盛世太平。

只要丹心发奋此业，
诚如梵天帝释治世，
祈祷黑面等类护法，
常佑我等不要懈怠！

此传记以前未有刻版，手抄本也奇缺。现十三世达赖喇嘛的家父庄园郎东巴（སྣང་འདུན་པ），为了佛教与众生的利益和幸福，以极大敬重之心从中作美，并创造顺缘，于木蛇年首次刻版印行。愿此版本在善乐福泽的家父庄园永驻。

祝吉祥妙善！